안철수의 생각

안철수의 생각

지은이_ 안철수
엮은이_ 제정임

1판 1쇄 발행_ 2012. 7. 19
1판 18쇄 발행_ 2012. 7. 30

발행처_ 김영사
발행인_ 박은주

등록번호_ 제406-2003-036호
등록일자_ 1979. 5. 17.

경기도 파주시 문발동 출판단지 515-1 우편번호 413-756
마케팅부 031) 955-3100, 편집부 031) 955-3250, 팩시밀리 031) 955-3111

값은 뒤표지에 있습니다.
ISBN 978-89-349-5871-0 03810

독자 의견 전화_ 031) 955-3200
홈페이지_ www.gimmyoung.com
이메일_ bestbook@gimmyoung.com

좋은 독자가 좋은 책을 만듭니다.
김영사는 독자 여러분의 의견에 항상 귀 기울이고 있습니다.

우 리 가 원 하 는 대 한 민 국 의 미 래 지 도

안철수의 생각

안
철
수 지음
—
제정임 엮음

김영사

안 철 수

우리가 열망하는
사회

자고 일어나보니 세상이 바뀌어 있었다. 2011년 9월 2일이었다. 전날 밤 나의 서울시장 출마 결심이 임박했다는 기사가 한 언론을 통해 보도되었고, 그다음 날 서대문구청에서 열린 청춘콘서트 현장은 취재진으로 아수라장이 됐다. 눈앞에서 그처럼 많은 플래시가 터지는 것은 생전 처음 봤다.

사실 그때 나는 서울시장 출마에 대해 생각을 막 시작한 정도에 불과했지만 언론은 90% 진도가 나간 것으로 기정사실화했다. 과거에 내가 기업가나 교수로서 기술과 경제 이야기를 나누던 언론인들과 달리 정치 영역에서는 말 속에 담긴 '의도'와 '배경'에 훨씬 집중한다는 것을 알게 됐다. 숨은 의도도 없고 에둘러 얘기하지 않는 내 말이 다르게 전달돼 난감할 때가 많았지만, 한편으론 일하는 방식의 차이를 이해하게 되었다.

서울시장에 출마하지 않기로 선언한 후 나는 학교에서 학생들을 가르치는 일과 공익재단을 설립하는 일에 매진하면서, 한편으로는 정치권에 국민들의 목소리를 전달하는 울림통으로서 소임을 다하겠다는 마음이었다. 특히 개인적으로 무엇을 얻거나 무엇이 되겠다는 욕심이 전혀 없었기 때문에, 제3당을 만들라거나 4월 총선에서 적극적으로 역할을 하라는 말씀들에 응하지 않았다. 총선 전에는 야권의 승리를 의심하는 사람이 별로 없었고, 그렇게 되면 야권의 대선후보가 제자리를 잡으면서 나는 자연스럽게 원래의 자리로 돌아가는 수순이 될 가능성이 크다고 생각했다. 그러나 총선이 예상치 않게 야권의 패배로 귀결되면서 나에 대한 정치적 기대가 다시 커지는 것을 느꼈을 때 사람들이 무엇을 원하는지, 이 열망이 어디서 온 것인지에 대해서 무겁게 고민하지 않을 수 없었다.

살아오면서 진로에 대한 선택이 필요할 때마다 비교적 '짧고 깊은 고민'으로 결단을 내릴 수 있었지만 정치 참여 문제는 혼자 판단할 수 있는 의지의 문제가 아니었다. 그동안의 결정은 어떤 결과가 나와도 내 삶에 대해서만 책임을 지면 되는 일이었지만, 이 문제는 국가 사회에 대해 너무나 엄중한 영향을 미칠 것이기 때문이다. 내게 기대를 거는 분들이 진정 원하는 게 무엇인지를 제대로 파악해야 하고, 내가 가진 생각이 그분들의 기대에 부합하는 것인지, 또 내가 그럴 만한 최소한의 자격과 능력이 있는지를 냉정하게 판단하는 작업이 선행되어야 한다고 생각했다.

그래서 이제는 많은 분들께 우리 사회의 여러 과제와 현안에 대한 내 생각을 말씀드리고 그에 대해 의견을 듣는 것이 순서라고 생각한다. 그동안 기업 현장에서, 학교에서, 정책을 토론하는 자리에서, 그리고 청춘콘서트를 포함한 대화의 자리에서 많은 분들과 함께 '우리가 열망하는 사회'에 대해 생각을 나누었다. 그런 사회를 어떻게 만들어갈 것인지에 대해 고민도 함께했다. 내 딸을 포함한 미래세대가 꿈을 키우고, 행복을 느끼며, 자랑스러워할 수 있는 사회를 이루어가기 위해 지금 무엇을 해야 하는지 생각하며 밤잠을 설치기도 했다. 이 책에는 그런 토론과 고민의 결과들이 담겼다. 앞으로 책임 있는 정치인의 역할을 감당하든, 아니면 한 사람의 지식인으로서 세상의 변화에 힘을 보태는 역할을 계속하든, 이 책에 담긴 생각을 바탕으로 더 많은 사람들과 힘을 모아 나아가고 싶다.

이 책을 시작으로 앞으로는 내 생각을 보다 많은 분들께 구체적으로 들려드리고 많은 분들의 의견에 귀를 기울일 계획이다. 책에 담을 수 있는 내용에 한계가 있어 충분히 설명하지 못한 부분도 많지만 장차 다양한 자리를 통해 채워나갈 수 있을 것으로 기대한다. 여러분들께서 꼼꼼히 읽어주시고 허심탄회하게 조언과 비판을 해주신다면 앞으로 나아갈 길을 결정하는 데 큰 도움이 될 것으로 믿는다.

학기말과 겹쳐서 무리한 일정임에도 불구하고 흔쾌히 대담작업을 맡아주신 제정임 교수님, 어려운 여건에도 불구하고 혼신의 노력과 정성을 다해주신 김영사 박은주 사장님과 편집 관계자들에게 이 자리를 빌려 감사의 말씀을 드린다.

2012년 7월
안철수

제정임

안철수의 마음에
귀 기울이다

지난 4월 중순의 어느 저녁 무렵이었다. 낯선 번호로 걸려온 전화를 받았더니 안철수 서울대 융합과학기술대학원장이었다. 그는 《벼랑에 선 사람들》을 잘 읽었다며 식사를 한번 같이했으면 좋겠다고 말했다. 《벼랑에 선 사람들》은 내가 주간교수로 있는 세명대 저널리즘스쿨대학원의 온라인신문 〈단비뉴스〉가 1년 반 동안 우리 사회의 빈곤 현장을 심층취재한 것을 묶어낸 책으로, 4월 초에 막 출판됐었다. 안 원장은 가까운 사람으로부터 이 책을 선물 받았는데 기사로 다룬 얘기들을 좀 더 상세히 듣고 싶다고 했다.

그다음 주, 서울 마포의 한 식당에서 안 원장, 나, 그리고 우리가 공통적으로 아는 사람들 몇 명이 저녁을 함께했다. 우리는 우선 책을 화제로 한참 이야기를 나누었다. 안 원장은 "대학원생들이 직접 야간청소부 등으로 취업해 비정규 노동의 고충을 체험한 기사들이 특히 인상적이었고 글의 수준이 기성 언론에 못지않아 놀랐다"고 말했다. 또 보육과 의료, 주거와 부채 문제 등 가난한 사람들의 불안과 설움을 생생하게 고발하면서 대안까지 꼼꼼히 제시하고 있어 민생의 실상을 이해하는 데 도움이 됐다고 덧붙였다.

안 원장은 책을 읽는 동안 대학 시절 가톨릭학생회에서 의료봉사를 다니면서 만났던 '가난하고 아픈 사람들'에 대한 기억이 떠올랐다고 말했다. 그는 서울의대 본과 2학년부터 4학년까지 3년 동안 서울 구로동과 두메산골 무의촌 등에서 진료 봉사활동을 했는데, 너무 가난하니까 인간의 존엄성이나 인륜마저 무참히 버려지는 경우가 있더라고 회고했다. 구로동의 한 성당에서 주말마다 진료를 할 때 만난 어느 초등학생 여자 아이는 아버지는 병으로 죽고 어머니는 집을 나가 류머티즘 관절염을 앓는 할머니와 단둘이 살고 있었다고 한다. 그 아이는 신문 배달을 하며 아픈 할머니를 돌봤는데, 중학생이 된 후 병든 할머니를 돌보기가 힘에 부치자 아이는 가출했고 할머니는 굶어 숨진 채로 발견됐다는 것이다.

"그렇게 무력한 사람들은 사회가 돌봐줘야 하는데, 그렇지 못한 현실을 보고 참 마음이 아팠습니다. 그리고 이 사회에서 제가 어떻게 살아가야 할 것인지를 많이 고민했죠."

  우리나라에서 아이를 낳아 키우기가 얼마나 어려운가를 얘기할 때도 안 원장은 자신의 경험을 털어놓았다. '산전후 휴가와 육아 휴직 등 제도는 갖춰져 있지만 회사의 눈치와 압력 때문에 실제로 쓰지 못하는 경우가 많다'는 내용이 책에 있는데, 안 원장의 부인인 김미경 서울의대 교수도 레지던트 시절 설움을 많이 받았다는 것이다. 레지던트 1년차 때 아이를 낳았는데 숨 돌릴 틈 없이 돌아가는 병원 사정 때문에 당시 60일이던 법정 출산휴가를 절반밖에 못 썼다고 한다. 이런 분위기가 여러 해 이어지다 보니 둘째 아이를 가질 생각은 아예 접고 말았다. 임신한 레지던트에 대한 배려도 거의 없어, 병리를 전공한 김 교수는 '아침까지 시체 해부를 하다가 저녁에 애 낳으러 간' 상황이었다고 한다. 안 원장은 또 얼마 안 되는 전공의 월급으로 아이를 키우면서 사람을 쓸 형편도 되지 않았고 믿고 맡길 만한 보육시설을 찾기도 어려웠다고 했다. 그래서 1년 중 3분의 2는 아이를 외할머니 집으로 출퇴근시키며 신세를 지고, 나머지는 부산 친가에 맡겨놓는 등 '육아 이산가족'도 경험했다. 안 원장이 20여 년 전 겪은 척박한 보육환경이 오늘날도 크게 달라지지 않았다는 게 우리 사회의 부끄러운 현실이다.

  "서민들은 물론 중산층까지도 이런 형편인데, 낙후된 복지를 조금 확충하자는 정도의 얘기를 갖고도 '포퓰리즘' 운운하는 사람들을 보면 정말 화가 납니다."

얘기가 한창 무르익었을 때, 나는 기자 출신의 '직업병'을 감추지 못하고 모두가 궁금해하는 그의 '대선 출마 여부'를 물었다. 그는 "아직 결론을 내리지 못했다"고 답했다. 자신이 유력한 대선후보로 꼽힐 만큼 높은 지지도가 나오는 데 대해서는 변화에 대한 국민의 열망이 자신에 대한 기대로 나타나는 것 같아 무거운 책임감을 느낀다고 했다. 반면 자신에 대한 기대가 온전한 지지인지, 일부의 지적처럼 환상이나 거품이 낀 것은 아닌지에 대해서는 냉정하게 판단할 필요가 있다고 말했다. 또 자신이 지금까지 '세상에 긍정적인 변화를 만드는 것'과 '흔적을 남기는 삶'을 추구했지만 과연 정치 현장에서도 잘해낼 수 있는 사람인지 스스로에 대한 엄정한 평가도 필요하다고 말했다.

안 원장은 서울시장 재보선을 앞둔 지난해 9월 '출마 고민'이 보도된 이후 잠재적 대선주자로 신문방송에 오르내리게 되면서 겪었던 마음고생에 대해서도 털어놓았다.

"20여 년간 언론에 노출된 상황에서도 비교적 좋은 평가를 받았던 편인데, 어느 순간 수많은 '안티'가 생기더군요."

자신이 잘못한 것을 지적한 비판이라면 겸허하게 받아들이겠지만, 있지도 않은 일을 지어내서 비난하거나 발언의 맥락을 왜곡해서 공격할 때는 참 답답했다고 한다. 특히 일부 정치인들이 터무니없는 얘기를 만들어 퍼뜨린 것이 지금도 인터넷에 떠돌고 있는데, 일일이 대응을 했다가는 오히려 그런 얘기들에 날개를 달아주는 꼴이 될 것 같아 그냥 무시했다고 말했다. 가까운 가족, 친척, 친구들은 모두 '그 험한 정치판에 왜 들어가려고 하느냐', '지금까지처럼 명예를 지키고 존경받으며 사는 길을 가라'고 아우성이란다. 그러나 안 원장은 "지금까지 부끄러움 없이 살려고 최선을 다했으니 이런 공격이 무서워서 해야 할 일을 피하진 않을 것"이라며 "중요한 것은 과연 내가 감당할 능력이 있느냐, 많은 국민들의 지지가 진정한 것이냐에 대한 판단"이라고 강조했다.

그로부터 2주 정도 시간이 흘렀을까. 안 원장이 다시 연락을 했다. 그는 "인터뷰 형식으로 함께 책을 낼 수 있겠느냐"고 제안했다. 당초 정치 참여와 상관없이 청년들의 '멘토'로서 조언하고 싶은 얘기들을 중심으로 책을 쓰고 있었는데, 지금처럼 자신에게 정치적 시선이 쏠리고 있는 상황에서 대중의 주된 관심사와 거리가 있는 책을 내는 것은 어울리지 않는 것 같아 고민 중이었다고 말했다. 그래서 내가 질문하고 자신이 답하는 형식으로 국민들의 궁금증을 풀어주면 어떻겠냐는 얘기였다. 자신을 지지하는, 혹은 지지하지 않는 국민들에게 스스로의 생각과 입장을 구체적으로 설명하고 판단을 구하고 싶다는 뜻인 것 같았다.

학기말까지 처리해야 할 산적한 업무가 머리를 스치면서 '시간이 없는데…' 하는 생각이 앞섰지만, 기자 출신으로서 온 국민이 궁금해하는 '안철수의 생각'을 가장 먼저 들어보고 전달한다는 것은 매력적인 일이기도 했다. 그래서 독자들이 궁금해할 만한 사안에 대해 내가 주도적으로 질문을 던지고 안 원장은 모든 질문에 성실하게 답한다는 것을 전제로 인터뷰를 맡기로 했다. 그리고 인터뷰에 앞서 내 입장을 간략히 설명했다. 대학원에서 예비언론인들을 가르치고 신문방송을 통해 논평을 하는 사람으로서 나는 사회 현안에 대해서는 분명한 의견을 밝히되 특정 정당이나 정치인과는 거리를 둔다는 개인적 소신을 지키고 싶다. 그러니 이 인터뷰는 최대한 언론인의 입장에서 할 것이고, 안 원장이 나중에 정치 참여를 선언하게 된다면 그 순간부터 나는 비판적 관찰자가 될 것이라는 얘기였다. 안 원장은 나의 이런 입장을 이해했다. 그리고 이 대담집이 자신의 정치 참여 여부를 떠나 우리가 만들어나가고 싶은 대한민국의 미래에 대한 생각을 제시하고 토론하는 계기가 됐으면 좋겠다고 말했다.

5월 중순부터 6월 하순까지 약 한 달 반 동안 나는 서울대학교의 안 원장 연구실 등지에서 아홉 차례에 걸쳐 2~3시간씩 그를 인터뷰했다. 나는 주로 아메리카노 커피를, 안 원장은 생수와 비타민 음료 등을 마시며 편안하게 대화했다. 인터뷰 질문은 미리 제시하지 않았고, '다음 시간엔 일자리와 노동권 문제에 대해 얘기하자'는 식으로 주제만 예고했다. 인터뷰는 안 원장이 정치 참여를 고민하게 된 배경과 인생 역정, 가족 등 '인간 안철수'에 대한 질문에서 시작, 그가 지향하는 우리 사회의 미래 구상을 들어보고, 현재 뜨거운 쟁점이 되고 있는 사회 현안들에 대한 의견을 묻는 순서로 진행됐다. 그리고 '청년들의 멘토'로서 활동해온 그의 경험을 살려 미래의 주역들에게 들려주고 싶은 이야기로 마무리했다. 때때로 주제를 벗어나 대화가 샛길로 빠지는 경우도 있었지만, 약속한 시간 외에 더 여유를 내기 어려운 서로의 일정 때문에 서둘러 본론으로 돌아오곤 했다. 그동안 언론 보도나 대표적인 저서를 통해 그를 어느 정도 알고 있다고 생각했는데, 인터뷰를 하면서 그에 대한 선입견의 많은 부분이 깨졌다.

우선은 그가 의학과 정보기술 배경을 가진 기업인 출신이니 경제와 과학기술 등에는 전문성이 있겠지만, 그 외의 정치사회적 현안에 대해서는 깊이 알지 못할 것이란 생각이 있었다. 그런데 인터뷰를 하면서 어떤 질문을 던져도 그는 막힘없이, 나의 기대를 넘어서는 이해도를 보여주었고 주요 정치사회적 쟁점에 대해 나름의 판단과 대안을 내놓았다. 특히 복지, 정의, 평화 등 안 원장 자신이 제시한 키워드와 관련된 사회불안의 해소, 경제 민주화와 동반성장, 남북관계의 개선 등에서는 꽤 깊은 성찰이 있었음을 드러냈다. 상당한 기간 동안 우리 사회의 주요 현안들에 대해 치열하게 연구하고 고민해온 것 같았다. 또 의사, 프로그래머, 경영자, 교수뿐 아니라 시민단체인 아름다운재단 이사, 정부의 각종 위원회와 포럼 활동 등을 통해 쌓아온 폭넓은 경험에다 청춘콘서트 등 강연과 저술을 통해 대중과 소통해온 과정이 그의 사고에 밑거름이 되어준 듯했다.

둘째, 그는 '타고난 천재'이며 처음부터 잘나간 사람이었을 것이라고 생각했는데, 의외로 '대기만성(大器晩成)'형 인물이었다. 그가 남다른 재능을 타고났을 것이라고 생각한 이유는 의사 일을 하면서도 무려 7년간 정보기술(IT) 프로그래머로서 컴퓨터 바이러스 백신을 개발했고, 경영자가 된 후에는 시가 총액 수천억 원대의 기업을 키웠으며, 중년의 나이에 새로운 전공으로 다시 공부를 시작해 교수가 되는 등 '마음먹은 대로 척척 살아온 듯한' 이력 때문이다. 그런데 얘기를 들어보니 그는 어떤 일이든 처음엔 부진하거나 실수가 많았다고 한다. 초등학교 때는 남들보다 한 해 먼저 입학하는 바람에 몸집이 작고 적응도 늦어 학교 공부를 잘 따라가지 못했다. 성적표에서 '수'나 '우'를 찾아보기 어려울 정도였다. 갈수록 나아지긴 했지만 중학교 때까지도 성적에서 두각을 나타내지 못했고, 고등학교 3학년 무렵이 되어서야 서울의대에 갈 수 있는 실력이 됐다고 한다. 회사를 차린 후에도 수많은 실수를 하면서 시행착오를 통해 배웠다고 털어놓았다. 다만 같은 실수를 절대 반복하지 않는다는 철칙은 지켰단다. 교수가 된 후에도 처음엔 강의가 서툴렀다고 했다. 그러나 메모를 해가면서 부족한 부분을 연구하고 고쳐나간 결과 카이스트 학생들의 강의평가에서 최고 수준의 평점을 받을 수 있었다. 그의 100미터 달리기 기록은 15초다. 남자로서 빠른 편이 아니다. 단거리경주에서는 한 번도 이긴 적이 없단다. 하지만 오래 참고 달려야 하는 장거리에서는 곧잘 1등을 했다고 한다. 온화한 인상 이면에 만만치 않은 근성과 맷집을 가졌다는 느낌을 받았다.

셋째, 선입견은 유복한 가정에서 자라 '없는 설움'을 모르고 살았을 것이라는 생각이었다. 그렇지 않았다. 1980년대 후반, 부부가 월급 30~40만 원가량의 국립대 조교와 전공의로 일하며 빠듯하게 생활하느라 양가 부모님 눈치를 보며 아이를 맡겨 키워야 했고, 결혼 후에 긴 전세살이를 하며 '집 없는 설움'도 겪었다. 회사를 차린 후에는 몇 년간 직원들의 월급을 주기 위해 '어음깡'(물품 대금 등으로 받은 어음을 은행 등에 액면가보다 낮은 금액으로 팔아 급한 자금을 마련하는 것을 가리키는 속어)을 하러 다녀야 했다. 그는 월급날이 다가올 때마다 심장박동이 빨라지고, 담당자의 눈치 때문에 은행 가기가 죽기보다 싫었던 중소기업 사장이었다. 그래서인지 이력서에 드러난 화려함과 달리 그는 '돈 없고 힘없는 이들의 설움'에 대해 공감의 폭이 넓어 보였다. 그가 복지와 정의를 앞세워 우리 사회의 미래상을 그린 것은 '차가운 머리'보다 '뜨거운 가슴'에서 출발했을 가능성이 높다는 생각이 들었다. 언뜻 우리 사회의 양지만 밟고 살았을 것처럼 보이는 그가 경제 민주화, 권력기관 개혁 등 다양한 쟁점에서 진보적인 목소리를 내는 것도 '이대로는 안 된다'는 사회 밑바닥의 아우성을 체험으로 들었기 때문인 것 같았다.

마지막 선입견은 안 원장이 공부와 일밖에 모르는 건조한 사람일 것이란 생각이었다. 예전에 한 TV프로그램에서 "이효리가 누군지 모른다"고 말했던 것이 기억에 남은 탓이었다. 알고 보니 아니었다. 그는 TV의 가요나 예능 프로그램은 잘 안 보지만 휴일 아침 아내, 딸과 함께 야구 모자를 눌러쓰고 조조할인을 찾아가는 영화광이다. 또 "롯데가 계속 질 때는 가슴이 아파 경기를 못 보겠더라"고 말하는 야구 마니아였다. 최근 미국에서 수학과 화학 두 분야의 석사학위를 받은 딸 얘기를 할 때는 자랑스러움이 얼굴 가득 피어오르는 '보통 아빠'였다. 쓰레기 분리수거를 하다가 경비아저씨에게 '똑바로 하라'고 핀잔을 듣고, "부부싸움을 하면 늘 내가 야단맞고 반성하는 것으로 끝난다"고 털어놓는 '이웃집 남편'이었다. "진료실 책상에서 죽음을 맞고 싶다"고 했던 부친이 언론의 등 쌀에 서둘러 병원 간판을 내리게 됐을 땐 마음고생으로 밤잠을 설친 정 많은 아들이기도 했다.

"제가 어떻게 하는 게 좋을까요?"

인터뷰가 끝나갈 무렵, (대선 출마에 대해) "결심이 되셨느냐"고 묻자 안 원장이 빙그레 미소 지으며 이렇게 되물었다. 역대 대통령 중 단 한 사람도 비극적 결말을 피하지 못한 나라에서, 모략과 음해가 난무하는 정치판에 나서 싸우기엔 그의 권력의지가 약해 보이고, 그가 잘할 수 있는 다른 가치 있는 일이 더 많아 보인다. 반면 우리 사회를 바른 방향으로 이끌고 싶다는 그의 개혁의지는 예사롭지 않아 보이고, 여야의 어떤 후보에게서도 희망을 찾지 못한 채 그를 바라보는 상당수 유권자들의 기대에도 이유가 있어 보인다. 자신에게 과연 잘할 능력이 있는지, 국민들의 지지가 온전한 것인지를 거듭 따져보는 그의 신중함을 비난할 수 없다.

"고독한 결단만이 남았네요."

달리 할 말이 없었다. 인터뷰가 마무리된 이 순간까지도 나는 그가 대선에 출마할지, 하지 않을지 솔직히 알 수 없다. 그러나 그가 여기 그려낸 '대한민국이 가야 할 길'은 그의 정치행보와 상관없이 우리 모두가 귀 기울일 만한 제안서다. '세상의 긍정적인 변화'를 추구하며 온 힘을 다해 달려온 그가 자신의 경험과 지식, 고민을 한 땀 한 땀 수놓아 펼친 미래 지도다. 이 지도를 들고 무엇을 할 것인지, 이제 더 많은 사람들이 그와 이야기를 해볼 시간이다.

2012년 7월
제정임

一 목차 一

3 컴퓨터 의사가 본 아픈 세상

이 책은 인터뷰어 제정임과 안철수가 나눈 대담이다. 안 원장이 정치 참여를 고민하게 된 배경과 인생 역정, 가족 이야기 등 '인간 안철수'에 대한 질문에서 시작, 그가 지향하는 우리 사회의 미래상을 들어보고, 현재 뜨거운 쟁점이 되고 있는 사회 현안들에 대한 의견을 묻는 것으로 진행되었다. 마지막으로 '청년들의 멘토'로서 활동해온 그의 경험을 살려 미래의 주역들에게 들려주고 싶은 이야기도 담겼다.

_ 인터뷰어 제정임 교수와 안철수 원장

사람들은 인상이 부드럽거나 선해 보이면 약하다고 생각하는 것 같아요. 선한 것은 약한 것과 다르다고 생각합니다. 선한 것의 반대는 악한 것이며, 약한 것의 반대는 강한 것이지요. 따라서 선하면서 강할 수 있고, 반대로 악하면서 약할 수 있지 않을까요?

1

나의 고민
나의 인생

—
나의 고민
나의 인생
—

정치, 결심하셨나요?

제정임(이하 제) ｜ 원장님은 기업인으로서 남다른 성취를 이뤘고, 지식인으로서 우리 사회에서 누구보다 존경받는 위치에 올랐다고 할 수 있습니다. 그런데 '욕을 안 먹을 수 없고, 진흙탕 물이 튀지 않을 수 없는' 정치 참여를 고민하게 된 이유는 무엇인가요? 서울시장 재보선 이후의 경과는 대략 알려져 있습니다만, 그 이전의 '출마 고민' 단계부터 궁금하군요.

안철수(이하 안) ｜ 30대 후반에 비례대표 국회의원직을 제의받은 적이 있고 이후 장관, (정부위원회) 위원장 등 정치권과 정부 쪽에서 여러 차례 제안을 받았지만 모두 사양했습니다. 기업인으로서 정부와의 이해 충돌 없이 참여할 수 있는 공적 역할이 정부산

하 위원회의 비상임위원 정도라고 생각해서, 장기적 국가정책을 자문하는 정책기획위원회와 미래기획위원회 등에는 참여했고요.

진로를 결정할 때 저는 항상 세 가지를 생각했습니다. 의미가 있는 일인가, 열정을 지속하고 몰입할 수 있는 일인가, 내가 잘할 수 있는 일인가. 정치 쪽도 의미가 있는 일인 것은 분명하지만 내가 열정을 갖고 몰입하거나 더 잘할 수 있는 일은 아니라고 생각했어요. 특히 40대까지는 전문성을 더 키워야 한다고 봤고요.

그런데 지난해 무상급식 문제로 주민투표가 추진되고, 서울시장 사퇴와 재보선 등 일련의 사태가 이어지는 것을 보면서 말이 안 된다는 생각이 들었습니다. 오세훈 시장이 진정한 보수주의자라면 체제 유지와 사회 안정을 위해 소외계층을 따뜻하게 보듬어야 했고, 한나라당은 주민투표를 만류했어야 하는데 말이에요. 그런데 여론조사 결과를 보니 한나라당 후보가 다시 후임 시장이 될 것 같다는 얘기가 나오더군요. 뭐랄까, 위기감이 들었습니다. 행정 혼란, 세금 낭비 등 잘못에 대해 제대로 대가를 치르지 않고 한나라당에서 다시 시장직을 차지하게 된다면 정의롭지 못하다는 생각이었죠. 잘못에 대해 책임을 지고 교훈을 얻어야 한나라당도 발전할 수 있을 것이란 판단이었고요. 그런데 서울시장 후보 여론조사에서 원래 문항에 없던 제 이름이 거론된다는 얘기가 들리더군요. '나라도 나가야 하는 것 아닌가' 하는 생각이 한 10% 정도 들었다고 할까요. 가까운 사람들과 이런 얘길 나눴는데, 덜컥 한 매체에 출마를 기정 사실화하는 기사가 나오더군요.

그다음엔 아시는 것처럼 우여곡절 끝에 박원순 변호사(현 서울 시장)에게 출마를 양보했죠. 사실 양보한 당일에는 '지지자들 허탈', '교수 출신의 한계' 등 비판적 반응이 많으리라고 각오를 했어요. 가까운 이들에게 "조금만 망가지고 다시 좋은 일을 하러 다닐 수 있었으면 좋겠다"는 얘기도 했죠. 그런데 놀랍게도 다음 날 신문방송을 보니 망가지는 대신 유력한 대권후보로 거론이 되고 있었습니다. 충격도 받았고, 강한 책임감도 느꼈어요.

제 │ 대통령 후보로 거론되는 상황은 전혀 예상치 못했다는 말씀이시네요.

안 │ 많이 놀랐습니다. 국민들의 갑갑함을 풀어주지 못하는 정치 현실에 대한 실망이 저에 대한 기대로 모아진 것 아닌가 하는 생각을 했습니다. 어떤 분이 '안철수 현상'이라고 이름을 붙였던데요, 사람들 눈에 '구체제'라고 느껴지는 것들, 즉 국민의 생각을 반영하지 못하는 정당과 계층 이동이 차단된 사회

구조, 빈부격차가 심화되는 경제시스템 등을 극복하고 희망을 줄 수 있는 '미래 가치'를 갈구하는 민심이 그런 형태로 나타난 것 아닐까요? 제 자신이 부족하고 준비되지 않았다는 이유로 그런 열망을 간단히 뿌리치기도 어렵다고 느꼈습니다. '과연 내가 이 기대에 부응할 수 있을 것인가?' 고민하지 않을 수 없었죠.

저는 지금까지 인생의 큰 전환기마다 '내가 우리 사회의 긍정적인 변화에 얼마나 보탬이 될 수 있을까'를 판단 기준으로 삼고 결정을 내렸습니다. 그리고 말이 아닌 행동으로 실천하기위해 노력했어요. 이런 맥락에서 정치에 직접 뛰어들어 긍정적인 변화를 만들어내든, 혹은 직접 나서지 않아도 기성 정치에 긴장감을 불어넣는 역할을 하든, 국민의 열망을 대변해야하는 것 아닌가 하는 책임감을 느꼈어요. 제가 정치에 참여하느냐 하지 않느냐는 제 욕심에 따라 결정되는 것이 아니라 '주어지는 것'이라는 생각을 하게 됐죠.

제 | '주어지는 것'이란 어떤 의미인가요?

안 | 정치하는 분들은 나라를 어떻게 만들겠다는 뜻을 세우고 세상에 밝힌 다음에 그를 토대로 지지를 얻고 추진력을 받게 되지 않습니까? 그게 정상적인 과정이겠죠. 그런데 제 경우는 정치

를 하겠다고 결심하지 않은 상태에서 갑작스레 사람들의 기대를 받게 된 것이죠. 이런 상태의 지지율을 온전히 저에 대한 지지라고 생각하면 교만이라는 생각이 들어요. 제가 스스로 정치 참여를 선언한 뒤 이 정도의 지지율이 나왔다면 물론 더욱 열심히 해야겠죠. 그러나 지금 저에 대한 지지는 기성 정치권에 대한 불만의 표현, 저에 대한 적극적 지지와 소극적 지지 등 여러 가지가 섞여 있다고 봅니다. 그러니 시민들의 열망을 무시할 수도 없지만 이를 온전히 정치하라는 뜻으로 착각해도 곤란하다는 생각이 들어요. 그래서 만약에 제가 정치를 하게 된다면 과연 그 기대와 열망에 어긋나지 않을 수 있을까, 이런 질문을 스스로에게 던지는 것이 도리라고 봅니다. 그리고 지지하시는 분들의 뜻을 정확히 파악해야 저의 진로를 결정할 수 있다는 뜻입니다.

제 | 그런데 원장님의 고민이 길어지니까 '안철수는 우유부단하다'거나 '간만 본다'고 비판하는 목소리도 있던데요.

안 | 그런 얘기도 있는 것 같더군요. (웃음) 감히 말씀드리지만 제가 지금까지 살아온 과정은 안주하지 않는, 도전과 결단의 연속이었습니다. 아시다시피 창업자나 경영자는 본질적으로 우유부단해서는 성공할 수 없습니다. 제가 평생 교수 생활만 했다

고 잘못 알고 계시는 분들이 혹시 그렇게 보실지 모르겠습니다만, 사실 저는 교수보다 경영자로서의 경력이 훨씬 길어요. 서울시장 재보선 당시 50%의 지지도가 나오는 상태에서 5% 지지도의 상대에게 불과 20여 분의 대화 끝에 후보 자리를 양보한 것도 우유부단한 사람의 행보는 아니라고 생각합니다.

그리고 '간을 본다'는 표현은 새로운 분야에 뛰어들 때 성공 가능성을 가장 중요한 기준으로 삼는 사람들에게 어울리는 말이겠죠. 하지만 저는 새로운 일에 도전할 때마다 '의미 있고, 열정을 지속할 수 있고, 잘할 수 있는가'의 세 가지만 생각했고 성공 가능성은 고려사항이 아니었습니다. 지금도 같은 입장이고요.

다른 사람에 대한 비판에는 비판하는 이의 인생관이 반영되는 경우가 많습니다. '내가 그러니 저 사람도 그럴 것이다'라고 생각하는 거죠. 매사에 간만 보는 사람들이 저한테 그런 얘길 하는 것 아닐까요? (웃음)

제 | 원장님은 서울시장 얘기가 거론되기 전까지는 어떤 정치색도 드러내지 않았던 것 같습니다. 그래서 처음엔 여야가 모두 '안철수는 누구 편인가'를 탐색하고 경계하는 분위기였는데, 곧 한나라당에 비판적인 입장을 드러내셨죠. 한나라(새누리)당에 부정적인 생각을 갖게 된 계기가 있나요?

안 ┃ 사실 기업을 경영하는 동안은 정치색을 드러내지 않으려고 애를 썼어요. 기업하는 사람이 정치색을 보였다간 정권에 따라 불이익을 받을 수도 있는데, 그건 회사를 책임지는 경영자로서의 도리가 아니라고 생각했기 때문입니다. 교수로 일하는 동안에도 안철수연구소 의장, 포스코 사외이사와 이사회 의장 등 기업인의 정체성을 갖고 있었기 때문에 이해상충 등 여러 가지를 고려해서 정치적 발언을 삼갔습니다. 그러다 지난번 서울시장 논란 때 진보, 보수 양쪽으로부터 공격을 받으면서 처음으로 제 정치적 견해를 드러낸 셈이에요.

하지만 그동안에도 정책에 대한 비판은 소신껏 해왔습니다. 이명박 대통령 집권 후 4대강, 친재벌 등 정부여당의 정책에 문제가 많지 않았습니까? 저도 4대강 사업에 대해서는 언론 인터뷰 등을 통해서 비판적인 목소리를 냈고요. 청와대 미래기획위원으로 일하면서 친재벌 정책과 관련해서도 쓴소리를 많이 했어요. "규제 철폐는 좋은데 감시는 강화해라, 안 그러면 약육강식의 정글이 된다"고요. 하지만 달라지는 게 없더군요. 눈치 안 보고 정직한 고언을 했습니다만, 소용없었고 마음만 상했죠.

제 ┃ 민주(민주통합)당에 대해서는 어떤 입장인가요?

안 | 민주당도 실망스럽긴 마찬가지였어요. 10년간 집권했으면 서민의 살림살이가 나아지도록 했어야 하는데 어땠습니까? 저는 말이나 생각보다 중요한 것이 결국 선택과 행동이라고 봅니다. 그런데 민주당 정권의 경우 처음 의도는 좋았지만 실제 선택과 행동이 국민에게 실망을 주고 말았어요.

리더의 위치에 있는 사람들은 건전한 생각을 가진 것만으로는 곤란합니다. 결과를 잘 만들어내야 할 책임이 있는 것이죠. 독일의 정치철학자인 막스 베버는 《소명으로서의 정치》에서 "정치인은 신념윤리와 책임윤리를 함께 가져야 한다"고 했습니다. 개인적인 신념을 가질 뿐만 아니라 아무리 힘들더라도 이 신념을 현실세계에서 이루어내야 한다는 뜻이지요. 정부를 책임지는 사람들은 열심히 했다는 것만으로 면죄부를 받을 수는 없습니다. 그런 측면에서 보면 지난 10년 동안의 진보정권은 성과도 있었지만 아쉬움이 큰 게 사실입니다.

민주당은 지난 4.11 총선에서도 그렇게 판세가 유리했는데 끝까지 우세를 이어가지 못했죠. 제가 총선에서 적극적으로 야당을 편들지 못했던 이유는 후보 공천이 국민의 뜻을 헤아리기보다 정당 내부 계파의 이해관계에 영향을 받았다고 느꼈기 때문입니다. 그런 상황에서는 서울시장 재보선 때처럼 제 이름을 걸고 국민들에게 지지해달라고 말씀드리기가 어려웠습니다.

제 | 총선 때는 민주당 등 야당을 돕지 않았을 뿐 아니라 "정당이 아닌 인물을 보고 투표하라"고 발언해서 비판도 받으셨죠.

안 | 네, "인물을 보고 투표하라"고 했더니 어떤 분들은 제가 정당 정치를 부정한다고 오해하더군요. 하지만 저는 정당정치를 믿는 사람입니다. 저에 대한 기대는 민심을 대변하지 못하는 정당에 대한 불만이 제게 쏠린 것이라고 생각하거든요. 다시 말하면 '정당정치'가 아니라 '정당'이 문제라는 것이지요. 지금까지 유권자들이 정당 위주로 투표를 하다 보니 정당은 국민을 두려워하지 않고 자기들 내부의 이해관계에 따라 후보를 공천하고, 정치인들도 국민보다는 소속 정당의 눈치를 봤죠. 그러니 정당 자체가 또 하나의 강고한 기득권이 되고, 민심에서 멀어지게 된 것입니다. 이런 상황에서 정당정치를 복원하기 위해서는 유권자들이 지지 정당의 후보라고 해서 무조건 찍어주는 것이 아니라 인물을 냉정히 평가해서 투표하는 게 출발점이라는 생각을 하게 되었죠. 과연 자격이 있는 사람인지 꼼꼼히 따진다면 정당이 국민을 무서워하면서 유권자의 눈높이에 맞는 좋은 사람을 영입하려 노력할 것이고, 그러면 정당정치가 복원될 수 있으리라고 생각한 것입니다. 흠이 많아도 특정 정당의 '텃밭'에서 공천만 받으면 자동적으로 당선되는 구조에서는 정당들이 민심을 살필 이유가 없으니까요.

낡은 체제와 미래 가치의 충돌

제 | 아까 '안철수 현상'을 거론하면서 '구체제와 미래 가치의 충돌'이라는 표현을 썼는데요. '구체제'가 어떤 의미인지 조금 부연 설명을 해주시겠어요. 현재의 정당들도 구체제의 일부라고 보시는 것 같은데요.

안 | 우리는 선진국들보다 훨씬 단기간에 산업화와 민주화라는 눈부신 성과를 이뤘지만 이를 바탕으로 새로운 가치를 창조하지 못하고 있다고 봅니다. 우리 사회의 많은 부분들이 인권이나 민주화를 무시했던 산업화의 논리에서 벗어나지 못하고 있고, 다른 한편으로는 산업화의 성과를 부정했던 민주화 논리에서 탈피하지 못하고 있어요. 이런 것들이 구체제적 사고죠. 또 우리 사회의 발전과정에서 우리가 간과했던 문제들, 예를 들면 사회적 약자의 인권을 외면하는 태도도 구체제이고, 성장과 효율성만을 앞세워서 경제력 집중과 양극화를 방치하는 것도 구체제이며, 청년들이 기회를 잃고 국민들이 불안에 떠는 현실을 도외시하는 것도 구체제라고 할 수 있죠. 다시 말해 국민의 생각을 받들지 못하는 정당들, 사회 갈등을 해소하는 게 아니라 오히려 증폭시키는 정치시스템, 계층 이동이 차단된 사회구조, 빈부격차가 심해지고 일자리를 창출하지 못하는 경제

시스템, 공정한 기회가 부여되지 않는 기득권 과보호 구조 등이 구체제라고 할 수 있습니다. 이런 것들 때문에 국민들이 답답함을 넘어 절망감을 느끼는 것이죠. 새로운 체제는 이런 구체제를 극복하는 것에서 출발해야 한다고 생각합니다. 이런 시대적인 과제를 해결하기 위해 '소통과 합의'가 필요하고요.

제 | 기성 정당들에 문제가 많다는 지적에 많은 사람들이 공감합니다만, 원장님에 대해서는 "정치를 해본 경험이 없는데 과연 대통령의 역할을 감당할 수 있겠나"하고 비판합니다. 만일 정치에 나서게 된다면 이런 우려에 대해 어떻게 대응할 수 있을까요?

안 | 정치 경험의 부족은 분명 저의 약점이라고 생각합니다. 시장이나 국회의원 한번 거치지 않고 대통령이 된다면 어려움이 많지 않겠나 하는 생각은 하고 있습니다. 그래서 '과연 내가 자격이 있나' 하는 고민이 깊은 것이기도 하고요. 지금까지의 경험을 되돌아보면 제가 뭐든 처음부터 척척 능숙하게 해냈던 적은 없었습니다. 사장이 된 후 수많은 실수를 했어요. 다만 절대로 같은 실수는 반복하지 않았고 실수를 통해서 배워나갔습니다. 교수가 된 후에도 처음엔 강의를 잘 못했는데, 부족한 부분을 계속 메모하고 고쳐나가서 결국 카이스트 대학원에서 최

고 수준의 강의평가를 받는 교수가 될 수 있었죠. 그러니까 실수를 안 하는 사람이 아니라 실수를 하지만 같은 실수를 반복하지 않는 타입인 거죠. 상대적으로 보면 '누구보다는 낫겠다'고 생각할 수 있지만 절대적 기준으로 보면 경험 부족이 단점인 게 분명합니다.

그런데 한편으론 이런 생각도 해요. '낡은 체제'와 결별해야 하는 시대에 '나쁜 경험'이 적다는 건 오히려 다행이 아닌가 하는 생각 말이에요. 미국의 빌 클린턴 전 대통령이 대통령 후보 경선에 나갔을 때, 다른 후보들에 비해 경력이 턱없이 부족하다고 공격을 많이 받았어요. 그때 클린턴은 이렇게 반박했습니다. "정치 경험이 길지 않은 것은 맞다. 하지만 경험에는 두 가지가 있다. 좋은 경험과 나쁜 경험이다. 나쁜 경험을 오래 하는 것보다는 아무런 경험을 하지 않는 것이 오히려 낫다." 버락 오바마 대통령도 비슷한 상황에서 같은 얘길 했죠. 저 역시 기성 정치권의 나쁜 경험이 전혀 없다는 게 장점이 될 수도 있다고 생각해요. 또 제가 비록 정치인으로서의 경험은 없지만 긴 기간 동안 사회에서 새로운 가치를 만드는 일을 열심히 해왔고 나름대로 의미 있는 성과를 거두었기 때문에 만일 정치를 한다면 이런 경험들이 큰 도움이 될 것이라고 생각합니다.

제 | 국내외 정치인 중에 존경할 만한 사람이 있습니까? 만일 정치

를 한다면 누구를 롤모델로 삼고 싶은지요.

안 | 글쎄요. 많이 생각해보지는 않았지만 우리가 처한 위기 상황
이나 시대적 과제를 생각할 때 미국 대공황기부터 2차 세계대
전까지 네 번 대통령을 연임한 프랭클린 루스벨트가 롤모델이
될 수 있을 것 같습니다. 루스벨트는 대공황의 위기와 2차 세
계대전이라는 엄청난 위기 상황 속에서 '뉴딜' 정책을 강력하
게 추진해 경제를 재건했고 2차 세계대전을 승리로 이끌었죠.
이후 미국이 세계 최대의 강국으로 부상할 수 있는 토대를 닦
은 대통령입니다.

제 | 루스벨트 대통령 시절에 경제 양극화를 해소하기 위한 재분배
정책이 강화됐고 서민들을 위한 복지제도가 확충됐고 금융의
건전성을 높이기 위한 제도 개혁이 있었는데, 지금 우리 사회
가 논의하고 있는 과제와 일맥상통하는 데가 있네요.
우리나라는 지금 믿을 수 있는 지도자, 리더를 찾고 있는데요,
무엇이 진정한 지도자의 자질, 리더십이라고 생각하시나요?

안 | 저는 민주사회에서 정치적 리더십은 국민으로부터 주어지는
것이라고 봅니다. 20세기까지의 리더십은 수직적인 리더십이
었습니다. 높은 지위에 있는 사람이 돈과 인사권을 갖고 고급

정보를 독점한 상황에서 자신의 의지대로 권력을 휘두르지 않았습니까? 리더가 '나를 따르라' 하면 힘없는 사람들은 자신의 의지와 상관없이 따라갈 수밖에 없었던 것이고요. 그러나 21세기에는 탈권위주의가 진행되고 위아래의 벽이 붕괴되면서 수평적인 구조가 가능한 세상이 됐습니다. 그러다 보니 이제는 리더십이라는 게 리더가 스스로 주장한다고 생기지 않습니다. 사람들이 쳐다보면서 따라갈 만하다고 판단하면 그 사람을 따르는 것이죠. 영어로는 '팔로 워디(follow-worthy)', 즉 따라갈 만한 가치가 있다고 판단되는 사람을 리더로 인정하고, 그런 사람에게 대중이 선물로 주는 것이 리더십이라고 생각합니다. 이러한 리더십은 자연스럽게 수평적인 리더십, 소통과 공감의 리더십이 되죠.

저는 민주주의에서 가장 중요한 게 '과정'이라고 생각합니다. 설득의 과정, 공감의 과정이 핵심이죠. 그래서 민주주의가 전제군주제보다 속도는 느리지만 결국은 장기적으로 더 큰 힘을 발휘하지 않습니까. 소셜미디어와 소셜네트워크서비스(SNS)도 마침 때를 맞춰 확산되면서 이런 민주주의의 요소들을 강화시키고 있고요.

그리고 리더십의 바탕은 진심이라고 생각합니다. 사람과 사람의 관계에서 '내 개인의 이익을 위해 상대방을 이용하지 않는다'는 진심이 있어야 해요. 그래야 사람들이 믿고 따라옵니다.

'많은 사람들을 짧은 순간 속일 수 있고, 소수의 사람을 오랫동안 속일 수는 있지만 많은 사람들을 영원히 속일 수는 없다'는 말이 있죠. 결국 진심은 전달이 된다고 믿습니다.

제 | 지금 우리 사회가 처한 현실이 그 어느 때보다 어렵기 때문에 차기 지도자에게 더욱 각별한 리더십이 요구되고 있는 것 같기도 해요.

안 | 그렇습니다. 사회구조적 모순들이 누적된 데다 세계경제의 여건마저 나빠지고 있기 때문에 앞으로 어떤 정부가 들어서도 어려움이 클 거라고 생각합니다. 지난 5년 동안 정당한 요구, 정당한 호소, 정당한 의사표현 등이 많이 억압되지 않았습니까? '법질서 확립'이라는 명분 아래 정당한 요구들마저 불법적인 것으로 규정됐고, 이 때문에 시민들의 분노가 상당히 누적되어 있다고 생각해요. 따라서 차기 정부에서 누가 정권을 잡더라도 사회 전반적으로 다양한 종류의 분노와 갈망이 동시다발적으로 표출될 가능성이 큰 것 같습니다. 특히 유럽 경제위기 등으로 국내외 상황이 더욱 악화되면 경제 위기 속에서 생존을 위한 요구와 주장이 통제하기 어려울 정도로 분출될 수 있을 거예요. 이런 때야말로 억압이 아닌 대화와 설득의 리더십이 필요하죠. 국민들로부터 이해를 구하면서 중요한 과제

의 우선순위를 정하고, 국민적 공감대 위에 일을 추진할 수 있는 통합의 리더십이 절실해질 것 같습니다.

제 | 법륜 스님이 최근 저서에서 "성장의 리더십과 투쟁의 리더십에 이어 이제는 통합의 리더십이 필요한 시대이며, 그에 걸맞은 지도자는 안철수 같은 사람"이라고 말했습니다. 스스로 '통합의 리더십'에 적합하다고 보시는지요?

안 | 글쎄요, 과분한 말씀이라고 생각합니다. 다만 제가 여러 가지 직업을 갖지 않았습니까? 의사, 컴퓨터 프로그래머, 경영자, 교수로 일하면서 각계각층의 사람들과 많이 만난 편이죠. 정보기술(IT) 노동자 등 아주 젊은 사람들과도 많이 교류했고, 비교적 젊은 나이에 정부의 각종 위원회와 기업 사외이사 등을 지내면서 연배가 높은 분들과도 넓은 네트워크를 갖게 됐습니다. 특히 세계 최상위권의 철강회사인 포스코에서 40대로는 처음으로 이사회 의장을 맡아 대부분 60~70대인 다른 이사들과 함께 토론하고 합의를 이끌어내는 과정에서 값진 경험을 했습니다. 청춘콘서트를 하면서 20~30대와도 교감했고요. 그래서 나름대로 여러 세대 간, 분야 간의 연결고리 역할을 할 수 있다는 자신감은 있습니다. 각 분야의 전문가들과 얘기하려면 그들의 문화와 언어를 이해할 수 있어야 하는데, 비교적 다양

한 분야의 문화와 언어를 이해하고 있지 않나 감히 생각합니다. 만일 제가 정치를 한다면 과거 어느 진영에서 싸우던 사람이 아니니 어느 쪽과도 소통하고 합의를 이끌어내는 데 상대적으로 강점이 있지 않을까요?

제 | 원장님이 컴퓨터 바이러스 백신을 만들어 무료로 배포한 것 등 공익을 앞세워 일해온 부분에 대해 높이 평가하는 사람들이 많습니다. 그러나 정치인에게 필요한 경험, 즉 민주주의와 인권, 사회통합과 국가발전 등을 위해 노력하고 공헌한 일이 있는지에 대해서는 회의적인 시각이 있습니다. 지금까지 원장님의 공적, 사적 활동을 통해 국가적 현안들과 공동체의 미래에 대해 고민할 기회가 있었는지요.

안 | 한 직업에서 다른 직업으로 넘어갈 때마다 제가 고민한 가장 큰 기준은 '개인적으로 뭘 많이 얻을 수 있는가'나 성공 확률이 아니라 '얼마나 우리 사회에 좋은 영향을 끼칠 수 있는가'였습니다. 기업을 경영할 때도 돈만 버는 영리기업을 추구하지 않고 사회에 어떤 기여를 할 수 있는지를 가장 중요한 기준으로 삼았고요. 그래서 외국기업에서 거액을 제시하며 회사를 인수하겠다고 제안한 것도 그 자리에서 거절했고, 개인들에게 백신을 무료 공급했고, 인터넷 대란 때 국가기관에 기꺼이 인

력을 무료로 파견해 해결했습니다. 경영자로서도 주주의 이익만 생각한 것이 아니라 직원들과 거래 기업 등 이해관계자 중심의 경영을 했다고 자부합니다. 마치 사회단체나 사회적 기업의 최고경영자(CEO)처럼 공익적인 자세를 잃지 않았어요. 사회와 국가발전을 위해 제 나름대로 최선을 다하며 살았다고 감히 자부합니다.

제 ┃ 기업가로서 공익적인 선택을 한 것 외에 인권 등 공동체의 다른 현안을 고민할 기회도 있었는지 국민들은 궁금해하는 것 같습니다.

안 ┃ 많지는 않지만 경험이 있다고 생각합니다. 30대 후반에 김대중 정부의 정책기획위원을 맡았는데요, 당시 한상진 서울대 교수가 위원장을 맡아 국가의 미래와 인권 개선 등에 대해 토론하고 정책을 건의했습니다. 저는 정보화 등 제 전문 분야에 관한 발표를 맡았는데, 인권 등 다른 다양한 주제에 대해서도 전문가들의 의견을 듣고 토론하며 견문을 많이 넓혔습니다. 노무현 정부에서는 정보통신부 장관직을 제안받고 사양했습니다만 청와대 회의에서 대통령과 국무위원들을 상대로 기업의 투명경영 등 경제개혁에 대한 의견을 적극 개진했습니다. 이명박 정부의 미래기획위원회에서는 대기업과 중소기업 간의 불공정거래 관행에 대한 문제 제기를 비롯해 창업 활성화를 위한 대안, 정보기술(IT)산업의 애로사항을 이야기하는 등 경제 전반에 대해 비판적 의견과 대안을 많이 제시했죠. 그런데 이야기를 해도 실행이 되지 않아 참 갑갑했습니다. 이 대통령이 '상생' 얘기를 했을 때, "이슈를 꺼냈으니 꼭 행동으로 보여야 한다"고 강조했는데 별 소용이 없더군요.

전문 분야와 좀 거리가 있었던 일로는 조국 서울대 교수 등과 함께 대검찰청의 정책자문위원을 맡았던 적이 있어요. 검찰개혁 과제를 놓고 의견을 나누면서 많이 배웠습니다. 검찰의 컴퓨터 수사자문위원과 국가정보원의 정보보호자문위원을 하면서 공안기관을 들여다볼 기회도 있었고요.

제 | 아름다운재단 이사 등 시민단체 활동도 좀 하셨죠?

안 | 빈곤 등 민생에 대해 좀 더 깊이 고민하게 된 것은 아름다운재단 이사로 활동한 것이 계기가 됐어요. 이사회에서 재단의 사업을 기획하고 결과를 평가하고, 또 희망제작소의 사회적 기업가 양성 프로그램에서 강의도 하면서 '사회개혁'에 대한 생각을 많이 하게 됐습니다. 당시 학교 안팎의 빡빡한 강의 일정 외에 사회적기업가 프로그램을 위해 대전에서 서울을 매주 두 번씩 오가면서 정신없이 힘들었던 기억이 나네요. 안연구소

차원에서도 아름다운재단에 매년 물품을 기부하고 일일 점원으로 활동하기도 했고요.

카이스트 교수 시절에는 전국을 돌아다니며 외부 강의를 한 학기에 100회 정도 했는데 대부분 교사나 학생, 시민단체 등이 그 대상이었습니다. 시간과 재능을 기부하는 것이고, 사회 공헌이라고 생각했어요. 강의를 많이 하게 된 것은 미국에서 공부할 때 시골에 있는 대학에까지 장관급 등 유명인사들이 와서 특강을 하는 걸 보고 느낀 게 있어서예요. 그 사람들은 돈보다 더 중요한 게 시간인데, 기회가 적은 지역 학생들을 위해서 기꺼이 시간을 낸 것이죠. 한국에 돌아와서 저도 그런 마음으로 강의를 많이 다녔습니다. 강의료는 없는 경우도 많았고 고구마 한 박스를 받은 적도 있습니다.

제 | 주로 어떤 주제로 강의를 하셨나요?

안 | 다양합니다. IT 신기술 동향도 있고, 벤처 경영, 우리나라 산업구조의 문제점, 기업가 정신, 청년들의 고민에 대한 멘토링도 있고요.

제 | 원장님은 80학번이시죠? '386세대'라고 불리던 민주화시대 학번인데요, 권위주의 정권에 맞서 투쟁했던 동시대 인사들에

게 부채의식 같은 것이 있나요? 고(故) 김근태 의원에 대해 '우리가 빚진 것이 많다'는 취지의 얘길 한 적이 있는데 혹시 그런 맥락의 말씀이었는지요.

안 | 저는 우리나라의 산업화를 위해 애쓴 분들로부터 혜택을 입었다고 생각하고, 고(故) 김근태 의원 등 민주화를 위해 희생하신 분들에 대해서도 큰 고마움을 느낍니다. 다만 저는 같은 시기에 전문가로서 열심히 살면서 사회에 제 몫을 했고, 그 가치 역시 낮지만은 않다고 생각합니다. 어떤 사람들은 '민주화운동 경험이 없는 이들은 정치를 할 자격이 없다'고도 하던데요, 모든 사람이 같은 길을 걸었어야 한다고 생각하진 않습니다. 고(故) 김근태 의원과 특별히 개인적 인연은 없습니다만 그분의 말씀을 들으면서 '진심으로 말씀하시는구나' 하고 느꼈습니다. 그분이 하셨던 말씀에 대해서도 많이 공감했고요. 그래서 존경하는 마음을 갖고 있습니다.

제 | 지난해 9월 이후 정치 무대에 이름이 오르내리면서 비판과 공격도 많이 받았는데요, 그런 경험 처음 하셨죠?

안 | 제가 사실 20여 년간 언론에 노출됐던 셈인데, 감사하게도 그동안에는 대체로 좋은 평가를 해주셨습니다. 기업가로서의 성

공, 사회공헌 등에 대한 이야기들이었죠. 그런데 서울시장 선거 이후로 확 달라졌어요. 시장후보, 대권후보로 거론되니까 상당히 많은 오해가 생기더군요. 납득하기 어려운 이야기를 만들어내는 사람들도 있고요. 그럴 땐 저도 좀 서운했지만 '바로 이런 것이 정치 세계구나'라고 생각했죠. 예를 들면 MBC-TV 〈무릎팍도사〉에 출연했을 때 강호동 씨가 "전 직원들에게 다 무상으로 주식을 줬더라고요?" 하고 제게 묻는 장면이 나왔어요. 그런데 이걸 제가 직접 "직원들에게 주식을 다 주고 나왔다"고 얘기한 것으로 바꿔놓고는 거짓말한다고 하는 식이지요. (웃음) 사실은 '모든 직원들에게 일정하게 주식을 나눠줬다'는 것인데 말이에요.

제 | 해명을 충분히 하셨나요?

안 | 해명할 것은 했지만, 완전히 억지를 쓰는 일부 공세에 대해서는 그분들이 그러는 이유가 보이니까 오히려 무시했습니다. 결국 중요한 건 진실이니까요.

제 | 지난 10개월여의 소용돌이 속에서 손해를 본 것도 있겠군요.

안 | 오해 때문에 명예를 많이 잃었죠. 사실 명예를 가장 소중하게

생각하고 살았는데 정치적으로 색깔이 덧칠되면서 중상모략도 당했고요. 검찰과 국세청에 말도 안 되는 건으로 고발하는 사람들도 있더군요. 물론 문제가 없으니 당연히 아무 일 없이 모두 종결되긴 했지만요. 우리나라 사람들 중에는 이념으로 편을 나눠서 자기와 반대쪽에 있는 사람에 대해서는 사실 확인도 해보지 않고 무조건 공격하는 이들이 적지 않다는 것을 새삼 실감했습니다.

제 | 그렇다면 같은 기간 동안 얻은 것은 무엇일까요?

안 | 글쎄요, 우리 정치의 변화를 위해 작은 역할이나마 하지 않았을까 스스로 생각해봤습니다. 꼭 저 때문은 아니겠지만 한나라당이 새누리당으로 간판을 바꿔 달고, 경제 민주화를 표방하고, 국회의원의 특권을 줄이는 행보를 보이고 있는 것, 그리고 민주당이 통합으로 거듭난 것도 저를 통해 국민들의 의사가 전달된 것이 조금은 영향을 미치지 않았을까요? 또한 열패감에 사로잡혔던 20~40대들이 서울시장 선거 등을 거치면서 '내가 내 인생의 주인이 될 수 있구나' 하는 생각을 가지게 됐다는 분석이 있던데, 이런 변화에 약간은 기여를 한 것 같아 보람을 느낍니다.

제 | 그렇다면 이 기세를 몰아 대선에 출마해서 정치를 확실히 바 꿔 놓겠다는 생각을 할 만도 한데요.

안 | 앞서 말씀드린 것처럼 시민들의 열망을 무시할 수도 없지만 이를 온전히 정치하라는 뜻으로 착각하는 것도 곤란하다고 생 각합니다. 저를 지지하시는 분들의 뜻을 정확히 파악해야 진 로를 결정할 수 있을 거예요. 그리고 제가 감당할 능력이 있는 지 냉정하게 판단하는 게 중요하고요. 일단은 이 책을 시작으 로 제 생각을 구체적으로 알리는 일을 해나가야 하겠지요. 제 가 생각을 밝혔는데 기대와는 다르다고 생각하는 분들이 많아 진다면 저는 자격이 없는 것이고, 제 생각에 동의하는 분들이 많아진다면 앞으로 나아갈 수밖에 없겠지요.

제 | 만일 정치를 하지 않는다면 앞으로 무엇을 할 생각이신가요?

안 | 우리나라에는 첨예한 현안에 대해 중재할 수 있는 사람이 없 어 갈등이 증폭되는 형편이죠. 제가 정치를 하지 않는다면 앞 으로 중립적인 위치에서 소신껏 목소리를 낼 수 있을 것 같습 니다. 지난 10개월간 나름대로 치열하게 사회 현안에 대해 고 민하고 형편이 닿는 대로 전문가들의 얘기를 듣고 많은 책과 자료를 보면서 사고의 폭을 넓혔습니다. 과거엔 기업가가 정

치적인 견해를 밝히는 것은 바람직하지 않다고 생각했고, 잘 모르는 분야에 대해 말하는 것은 그 분야의 전문가에 대한 예의가 아니라고 여겼는데 앞으로는 좀 더 홀가분하게 발언할 수 있을 것 같습니다.

또 아주 오래전부터 생각했던 것처럼 사회에서 받은 혜택을 돌려준다는 차원에서 적극적으로 공익 활동에 나설 것 같습니다. 지금은 전문가들에게 전적으로 맡겨놓고 있습니다만, 안철수재단 일도 적극적으로 도울 수 있을 것이고 학교에서는 대학원 외에 학부생들을 대상으로도 폭넓게 강의를 하면서 도움을 주고 싶습니다.

성적표에 '수' 라고는 안철 '수' 뿐

제 | 옛날 이야기를 좀 해볼까요. 원장님은 '바른 생활 사나이' 같은 인상인데요, 어릴 때부터 정의감이 강하고 공부도 잘하는 소년이었나요?

안 | 아니요. 초등학교 때는 공부를 아주 못했습니다. 초등학교를 한 살 빨리 입학했어요. 키가 제일 작았죠. 저는 '앞으로 나란히' 구령에 맞춰 손을 앞으로 뻗어보는 게 소원이었어요. 늘 맨

앞에 서서 옆구리에 손을 올리고 있었으니까요. (웃음) 공부도 영 잘 못 따라갔어요. 한글도 초등학교 들어가서 익혔는데, 대신 글을 읽을 줄 알게 되면서 책 읽는 것에 재미를 붙였어요. 거의 닥치는 대로 책을 읽었죠. 아버지께서 아는 사람이 병원에 책을 팔러 오면 어린이용 세계문학전집, 과학전집 등을 사주셨어요. 그러면 마음이 급해서 박스를 막 뜯어 책을 꺼낸 뒤 박스 위에 앉아 읽었어요. 이렇게 닥치는 대로 책을 읽는 버릇이 중학교 때까지 갔는데, 아마 평생 읽은 책의 절반 정도는 중학교 때까지 본 것 같아요. 고등학교, 대학 땐 아무래도 입시 공부, 전공 공부하느라 그전처럼 다른 책을 많이 읽진 못했고요. 만일 제가 초등학교 때 학교 공부를 잘했다면 딴 생각 없이 의사가 되어 평생 그 길을 갔을 것 같습니다. 그런데 초등학교 시절 학교 공부에 흥미를 못 붙이고 닥치는 대로 책을 읽은 것이 인문학적 소양을 넓혀주고 인생 전체에 큰 영향을 미쳤던 것 같아요.

제 | 공부를 못했다는 게 어느 정도였나요? 그러다 언제부터 잘하게 됐는지요.

안 | 초등학교 내내 공부를 못했는데요, 성적표에 '수', '우'가 별로 없었어요. 옛날 MBC에서 〈성공시대〉를 찍을 때 PD 분께 그런

이야기를 했더니 부산 가서 성적표를 직접 촬영해와서 TV에 방영한 일이 있어요. 그때 보니 성적표에 '수'가 보이긴 하더군요. 제 이름 철수예요. (웃음) 중학교 때도 전교는 둘째치고 반에서 1등 한 번 못해봤고요. 성적이 조금씩 올라 중3 때 반에서 2, 3등 했던 것 같고, 고등학교 때 조금씩 나아지더니 고3 때 반에서 1등 하고 이과 전체 1등을 처음 해봤어요. 그때만 해도 부산고등학교에서 이과 1등 하면 서울의대를 갔죠.

제 | 전에 어떤 강연에서 '학교 다닐 때 반장을 한 번도 못해봤다' 는 얘기를 하셨던데요.

안 | 초등학교 때는 공부를 못했으니 반장을 시켜주지 않았고요, 중학교 때 언젠가 2학기에 선거로 반장에 당선됐어요. 그런데 1학기 때 선생님이 지명해서 반장을 했던 친구가 전교 부회장이었는데, 담임선생님이 "전교 부회장이 학급 반장을 못하는 것은 말이 안 되니 선거를 취소하자"고 하셨어요. 당시 그 친구 엄마가 아주 유명한 '치맛바람 엄마'였는데, 선생님이 그러시는 걸 보고 공정하지 못하다고 느꼈어요. 그때 중학생치고는 조숙하게 알베르 카뮈의 《페스트》 같은 사회의식이 강한 소설을 한창 읽을 때였는데 '정의롭지 못한 세상'이라고 생각했죠. 약간이요. (웃음) 고등학교 땐 공부에 집중하느라 학급 임원을

잘 맡지 않는 분위기였고요. 대학 때도 동아리회장 한번 안 해 봤으니 안연구소를 세우고 사회생활을 하면서 처음으로 리더 의 역할을 시작한 셈이죠.

소설보다 더 잔인했던 가난

제 | 의대를 선택한 것은 본인의 뜻이었나요?

안 | 네, 제가 스스로 선택한 것은 맞아요. 저는 원래 초등학교 때 부터 과학기술에 관심이 많았고 과학자가 되고 싶었어요. 에 디슨이나 아인슈타인 같은 인물이 되고 싶었죠. 어릴 때 라디 오 부품을 사다가 조립해서 진공관 라디오를 직접 만들기도 했어요. 일본어로 된 설계도를 보고 부산 남포동 부품상가에 가서 부품을 구입해서 조립하곤 했죠. 그런데 고등학교에 가 서 보니 장남이 가업을 잇는다고 하면 부모님이 기뻐하실 것 같았어요. 취미가 직업이 될 필요가 있을까, 기계 만지는 것은 취미생활로 하자고 생각했고요. 아버지도 환자가 없을 때는 좋아하는 소설을 읽으셨거든요. 부모님은 '얘가 공대 가겠지' 하고 계시다가 의대를 가겠다고 하니 아주 기뻐하셨어요.

제 | 효도하는 차원에서 의대를 간 셈이군요. (웃음) 그런데 막상 의대에 가서는 환자를 직접 보는 임상의가 아니라 기초의학을 전공하셨죠?

안 | 맞습니다. 의대에 가서 보니 임상의가 되는 대신 기초의학을 연구하는 사람들도 있더군요. 대학에 가서 처음 알았어요. 환자를 한 명 한 명 직접 진료하는 것도 의미가 있지만 병의 원인을 알아내거나 치료법을 발견하는 것도 중요하다는 생각을 하게 됐어요. 기계를 좋아하니 실험하고 결과를 측정하는 데도 유리할 거라고 생각했고요. 남들이 흔히 가지 않는 길을 가는 것도 흥미롭겠다 싶었고, 계속 연구해서 노벨의학상에 도전해 보자는 꿈도 가졌었죠. 그때나 지금이나 의대로 진학하는 학생들이 일반적으로 가지 않는 길이었습니다.

제 | 의대에서 진료 봉사활동을 하면서 사회 현실에 대한 고민을 하게 됐다고 들었습니다. 의료봉사는 어떻게 시작하게 됐는지요?

안 | 가톨릭학생회가 주관하는 진료봉사였는데요, 저는 가톨릭 신자는 아니었지만 봉사활동을 하고 싶어 가입했습니다. 의대 본과 2학년 때부터 졸업할 때까지 3년간 활동했죠. 매주 토요일 오후에 서울 구로동의 한 성당을 빌려서 진료소를 차렸어

요. 학년별로 역할을 분담했는데 2학년들은 아직 공부가 부족해 약국을 담당했고, 3학년들부터 환자를 진료했습니다. 학생들만으로는 인력이 부족해 전문의 선배들이 함께 나갔고요. 방학 때는 두메산골 무의촌에 가서 진료했습니다. 시골학교를 빌려서 환자를 봤죠. 지역 주민들에게 폐를 끼치지 않기 위해서 우리끼리 밥을 해먹었고요. 거동이 불편해 진료소까지 올 수 없는 환자가 있는 경우는 왕진도 다녔어요.

제 | 의료봉사를 갔을 때 경험한 일 중 특히 기억에 남는 게 있나요?

안 | 무의촌 진료를 가면 기본적으로 대변검사를 해서 회충 알이 나오면 구충제를 먹게 했어요. 어느 해 여름에 제가 대변검사를 맡았는데, 수백 명의 변을 채취해서 푹푹 찌는 더위 속에 현미경으로 들여다보면서 회충 알이 있는지 찾아내는 작업을 했죠. 그 당시는 대부분의 경우 알이 발견됐고요. 굉장히 기억에 남습니다. (웃음)

그런데 무엇보다도 중요한 것은 의료 봉사활동을 통해 진짜 어려운 처지에 있는 사람들의 삶을 직접 접하게 된 것이죠. 사람은 돈보다 귀한 존재라고 생각했는데 돈이 없으면 사람의 존엄성이 보장되지 않는다는 사실을 알게 됐어요. 가족 관계는 무엇보다도 소중한 것이라고 생각했는데 먹고사는 문제 때문에 가족이 깨지는 경우도 봤습니다. 벌이가 얼마 안 되니까 남자 여자가 결혼을 해도 각자 벌어 먹고사는 경우가 많았고, 둘 중 한 사람이 아프면 다른 사람이 집을 나가버려서 가족이 깨지기도 하더군요. 서울 구로동에서 진료봉사할 때, 어떤 할머니가 류머티즘 관절염이 심해 왕진을 다녔어요. 할머니와 초등학생 손녀가 사는 집이었죠. 처음에는 아버지, 엄마와 함께 네 가족이 살았는데 아버지가 아프니까 엄마가 집을 나갔고, 아버지도 병으로 죽어 할머니와 손녀만 남았어요. 그러다 할머니가 몸져누우니 초등학생 손녀가 신문 배달을 해서 먹여 살렸는데 중학생이 된 후 결국 못 견디고 가출했어요. 할머니는 굶어서 숨진 채 발견됐고요. 그때 황석영의 《어둠의 자식들》 같은 소설을 많이 읽었는데, 소설보다 현실이 더 끔찍하다는 생각을 했습니다. '함께 살아가는 사회에서 각자 해야 하는 역할이 무엇인가?' 한참 자의식 강할 때 의료봉사를 하면서 그런 고민들이 더 깊어졌습니다.

제 | 당시의 경험이 우리 사회의 복지제도와 관련한 생각에 영향을 미쳤나요?

안 | 처음 구로동 진료를 다닐 때 이상했던 일 중 하나가 환자들이 잘 낫지를 않는 것이었어요. '의사가 아직 학생 수준이라서 그

런가' 하고 갸웃했죠. 그런데 어느 날 좀 빨리 도착해서 보니 애들이 흙바닥에서 공깃돌 놀이를 하는데, 돌이 아니라 알약을 갖고 노는 거예요. 환자들이 약을 먹지 않고 버린 것이죠. 그러니까 치료가 안 되는 원인이 약을 제시간에 먹지 않았기 때문이었던 거예요. 공짜로 약을 받으니 아깝다는 생각이 없었던 거죠. 그래서 생각 끝에 진료비를 100원씩 받기로 했어요. 물론 약값에 비하면 터무니없이 싼 가격이었지만 환자들이 자기 돈을 내고 약을 받아 가니 꼬박꼬박 챙겨 먹게 되고 치료율도 쑥 높아지더군요. 그래서 큰 깨달음을 얻었어요. 공짜가 반드시 가장 좋은 방법은 아니며, 오히려 귀한 줄 모르고 낭비할 수도 있다는 것을요. 아무리 소액이더라도 돈을 내고 참여하게 하면 주인의식을 고취시키고 만족도와 효과를 높일 수 있다는 것을 알게 됐죠.

그래서 우리가 복지를 확충할 때도 소득 상위층뿐 아니라 중하위층도 형편에 맞게 조금씩은 함께 비용을 부담하면서 혜택을 늘려가는 것이 좋지 않을까 하는 생각을 합니다. 물론 상대적으로 여유가 있는 계층이 더 많이 내는 누진적 분담 구조가 당연히 전제되어야 하고요. 내가 내는 세금, 혹은 부담금이 복지 혜택으로 돌아오는 것이니 알뜰하게 또 귀하게 써야 한다는 생각이 사회 전체에 공유되어야 한다는 것이죠. 우리가 지금보다 훨씬 높은 수준의 복지시스템을 갖추기 위해서는 국민

모두가 각자의 형편에 맞게 조금이라도 부담을 나눠 지겠다는 자세가 필요하다고 생각합니다. 아까도 말씀드렸지만 사회로부터 많은 혜택을 받은 계층이 책임도 많이 진다는 원칙은 분명해야 하고요. 역사적으로 봐도 어려운 이들의 고통이 심해지면 공동체 전체에 위기가 발생하잖아요. 대신 기꺼이 선의의 짐을 많이 지는 분들에게는 명예와 자부심을 느끼게 해줄수 있어야 하겠죠.

제 ┃ 비슷한 경험이 안연구소에서도 있었다고 하셨죠?

안 ┃ 네. 안연구소를 한창 키워가던 시절, 가능하면 다양한 복지혜택을 주고 싶었어요. 그중에서 반응이 좋았던 제도가 각자 책을 산 후 회사로 영수증을 갖고 오면 월 5만 원까지 책값을 지급해주는 것이었어요. 보통 월평균 3만 원 정도를 썼기 때문에 회사의 부담은 크지 않았고 직원들은 만족도가 아주 높았죠. 그런데 그 제도를 도입한 후 1~2년이 지나서 회사의 성장이 정체되고 고삐를 당겨야 하는 시기가 왔어요. 외부 상황도 안좋았고요. 그래서 직원들의 긴장감을 높이고 다 함께 허리띠를 졸라매자는 의미로 복지혜택 중 큰 것은 놔두고 가장 금액이 적었던 책값 지원 혜택을 없애기로 했어요. 그랬더니 제가 최고경영자로 일했던 기간 중 가장 큰 반대에 부딪혔습니다.

깜짝 놀랐죠. 아무리 사소한 복지혜택도 한번 도입하면 없애는 게 보통 어려운 일이 아니라는 것을 깨달았습니다. 그러니 회사 상황이 어려워져도 지속할 자신이 있을 때 새로운 복지제도를 도입해야 한다는 것을 알게 됐죠. 국가 차원에서도 새로운 제도를 도입할 때는 지속가능성을 신중히 검토해야 한다고 생각합니다. 다만 국가와 기업이 다른 부분도 있다는 걸 유념해야겠죠. 기업과 달리 국가는 기본적으로 자립이 불가능한 분들이 생존할 수 있는 환경을 제공해야죠. 그건 헌법이 규정한 국가의 의무니까요.

빌 게이츠, 에릭 슈미트, 손정의

제 │ 한국의 대표적 IT기업 경영자로서 세계적 IT 기업인들과 교류가 있으셨을 것 같습니다. 빌 게이츠 마이크로소프트 창업자, 에릭 슈미트 구글 회장, 손정의 소프트뱅크 회장 등은 최근에도 만난 것으로 보도됐는데요, 그들에게서 조언을 듣거나 배운 게 있다면 뭘까요?

안 │ 빌 게이츠 회장은 몇 달 전에 만나 자선재단에 대한 의견을 들었습니다. 게이츠 회장은 자기가 하는 일을 정말로 좋아하고 열정이 있다는 것이 느껴지더군요. 1시간 정도 만났는데 30분 가량을 차터 스쿨(charter school, 대안학교 성격의 미국 공립학교)에 대해서 이야기했어요. 차터 스쿨은 게이츠 회장 부부의 빌앤 멜린다 게이츠재단이 유일하게 미국 내에서 벌이는 사업인데, 그가 진짜 좋아서, 열정을 갖고 의미를 느끼며 일을 한다는 느낌을 받았어요. 안철수재단을 꾸려나가는 데 도움이 될 만한 진솔한 얘기도 많이 해주더군요. "사회사업은 외롭다, 같은 생각을 가진 사람을 많이 모아라, 그러면 견디기가 쉬워진다"는 얘기가 기억에 남습니다. 또 하나는 한국 사회에서 중요한 과제인데 잘 풀리지 않는 일을 살펴봐서 마음이 맞는 사람들과 팀을 꾸려 창의적으로 해결책을 찾아보라는 얘기였습니다. 그는 화장실을 예로 들어 "중요한 일인데도 흔한 일은 100년 이상 혁신이 이뤄지지 않는다"며 창의적이고 능력 있는 사람들이 관심을 가지면 '물 없는 화장실'도 만들 수 있다고 하더군요. 혁신가로서 기업을 경영한 사람의 얘기여서 실질적인 조언이 됐습니다.

에릭 슈미트 회장과는 최근의 IT산업의 흐름에 대해 이야기를 많이 나눴는데, 슈미트 회장도 규모는 작지만 자선재단을 운영하고 있더군요. 처음부터 잘됐다고 자랑하지 않고 실패한 경험을 솔직하게 얘기해준 것이 인상적이었습니다. 재단 사업을 할 때 어떤 일을 직접 하고 어떤 일을 다른 곳에 맡길 것인지 잘 결정해야 하고, 남에게 맡길 거라면 평가기준을 제대로 세우고 처음부터 잘 설명해주라고 조언하더군요. 그래야 도움을 받는 비정부기구(NGO)에도 도움이 될 거라고요.

손정의 회장도 현직 IT 기업인이면서 자선재단을 운영한다는 공통점이 있는데요, 원전에 관한 얘기를 많이 했습니다. 손 회장은 원래 원전에 대해 중립적 입장이었다가 후쿠시마 원전 사고를 보고 '원전 폐기' 입장으로 완전히 돌아섰다고 해요. 그래서 후쿠시마 어린이들을 돕는 재단도 설립했고, 신재생에너지로 아시아권 전체를 묶는 '슈퍼그리드'(2개 이상의 국가가 신재생에너지를 통해 생산한 전기를 공유하는 지능형 전력망)를 만들 구상도 하고 있더군요.

제 | 지금 거론하신 기업인들처럼 안연구소를 세계적인 IT기업으로 더 키우고 싶다는 욕심은 없었나요? 기업 규모로 보면 안연구소는 아직 중견기업 수준에 불과한데요.

안 | 그런 생각은 당연히 해봤죠. 그런데 제가 의사로 일하면서 1988년부터 컴퓨터 바이러스 백신을 만들었는데요, 초기 7년 동안 무료로 백신을 보급했습니다. 다른 나라 보안회사들에 비해 기업화가 7년이 늦었죠. 세계적인 보안회사들은 대개 1989년부터 기업화를 했는데, 저는 경쟁자들이 모두 큰 기업이 된 이

후에 시작했으니 여러 가지 불리한 점이 많았죠. 그러나 후회는 하지 않습니다. 백신이 없어 당할 수 있었던 수조 원의 피해를 막아 국가를 위해 나름대로 기여했다고 생각하니까요.

그런데 일단 기업을 만든 뒤 키워나가는 과정에서도 답답한 점이 많았습니다. 우리나라에서는 소프트웨어와 같은 지식산업의 가치를 잘 인정해주지 않는 풍토여서 성장하기가 참 어렵습니다. 전반적으로 '리스크 매니지먼트(위험관리)'보다는 '리스크 테이킹(위험감수)' 문화가 강해서 리스크 매니지먼트 산업의 환경이 열악해요. 그런데 IT 보안이 대표적인 리스크 매니지먼트 분야거든요. 게다가 전반적인 대기업과 중소기업 관계, 산업생태계에 문제가 많고요. 이런 열악한 환경 속에서도 안연구소를 어렵사리 중견기업으로 키울 수 있었지만, 경제 전체를 위해서는 안연구소 하나를 더 성장시키는 것보다 산업생태계를 개선하는 게 시급하다는 생각을 했습니다. 그래서 체계적인 대안을 제시하고 기업들을 도와주기 위해 우선 공부를 선택했죠.

배워서 남 주려 떠난 유학생활 그리고 안철수재단

제 | 저도 직장생활을 꽤 하다가 뒤늦게 다시 공부를 했습니다만,

유학 가서 공부하느라 고생 좀 하지 않으셨나요? 제 경우엔 우선 체력이 예전 같지 않던데요.

안 | 마흔이 넘어서 경영학석사(MBA) 과정에 들어갔잖아요. 방문연구원이나 교환교수 등으로 가서 편하게 공부할 수도 있었는데 제대로 하려고 시험을 쳐서 학위과정에 들어갔거든요. 뒤늦게 다시 공부를 해보니 체력이나 기억력에도 차이가 있고, 무엇보다 집중력이 많이 떨어지더군요. 공부하는데 이 생각, 저 생각, 생각이 많다 보니 책에 집중이 잘 안 되는 거예요. 옛날만큼 마음이 단순하지 않아서 그랬나 봐요. 집중력 끌어올리는 데 한 학기 정도 걸린 것 같습니다. 그런 점은 힘들었지만 좋았던 점은 경영학이라는 게 실용적 지식의 집합이라, 직접 기업을 꾸려본 경험을 바탕으로 종합적인 사고를 할 수 있게 됐다는 것이죠. 재무와 마케팅 등 경영학의 각 분야를 고루 공부하면서 새로운 시각으로 기업의 문제에 접근할 수 있었습니다. 거시경제, 국제금융 등을 공부하면서 경제의 커다란 흐름을 공부하는 기회도 가질 수 있었고요.

제 | 유학 생활 중 전공 공부 외에 다른 소득도 좀 있으셨나요?

안 | 제가 경영학을 다시 공부한 이유가 '배워서 남 주려고'였거든

요. 그래서 잘 가르치기 위해 강의 테크닉도 유심히 관찰했습니다. 예를 들어 저는 첫 시간 강의 때 학생들에게 '이 강의에서 기대하는 것이 무엇인가'라는 질문을 하는데요, 유학 시절 배운 겁니다. 첫 시간부터 학생들의 말문을 열어서 수업 중 토론이 활발해질 수 있도록 유도하고요, 학생들의 기대와 다른 점은 설명해주고 좋은 의견은 수업을 확장하는 데 활용하죠. 매 시간 크게 부담스럽지 않은 과제를 내주고 학생들이 수업을 꼭 미리 준비하도록 하는 것도 강의 효과를 높이는 데 도움이 되더군요.

제 | 안연구소의 지분 절반을 안철수재단 창립을 위해 내놓으셨는데요, 재단에서 앞으로 어떤 일을 할 것인지 구체적인 계획이 세워졌나요?

안 | 안철수재단은 전문가들에 의해 독립적으로 운영될 계획이기 때문에 저는 현재 관여하지 않고 있습니다. 다만 얘기를 들어보니 앞으로 재단의 주된 프로젝트는 일자리 창출을 지원하는 일이 될 것이라고 합니다. 예를 들면 구입한 건물을 활용해서 창업을 하려는 사람들에게 저렴하게 임대하거나 무료로 사용하게 해주는 등 창업을 위한 인프라를 제공하는 것이죠. 경영 노하우를 교육하는 계획도 추진하고 있다고 하고요. 두 번째

는 교육의 사각지대를 지원해서 소외계층 청소년들이 다른 친구들과 같은 출발선에 설 수 있게 만들어주는 교육사업이라고 합니다. 세 번째는 세대 간 화합인데요, 젊은이들이 재능 기부 등을 통해 나이 든 세대를 돕는 개념이라고 하더군요. 대학생들이 재능 기부 차원에서 어르신들을 대상으로 스마트폰 등 IT 활용 강의를 한다든지, 아니면 순수하게 봉사활동으로 노인 세대를 지원하는 것이죠. 마지막으로 IT 기반의 기부 인프라를 조성하는 일인데요, 소셜네트워크서비스(SNS)와 연결해서 소액의 자금이나 재능을 손쉽게 기부할 수 있는 시스템을 만드는 것입니다. 창업에 돈이 필요한 사람과 기부자를 연결할 수도 있고요. 미국의 온라인 소액기부 및 대출중개 사이트인 '키바(www.kiva.org)'를 모델로 연구 중이라고 합니다.

야단맞고 반성하며 끝나는 부부싸움

제 | 정치 참여 가능성에 대해 가족들은 뭐라고 하나요?

안 | 아내도, 딸도 찬성하는 편은 아닙니다. 하지만 제가 결정한다면 존중한다는 입장이에요. 친척이나 친구들, 함께 일하던 직원들도 다 걱정하고 있어요. 학교 다닐 때 함께 하숙하면서 저

에게 컴퓨터를 가르쳐준 친구가 있는데요, 이 친구가 얼마 전 이메일을 보내왔더군요. 제가 출마해서 고생하는 꿈을 꿨다면서 나가지 말라고요. (웃음)

제 ｜ 원장님은 일단 성격이 강할 것 같은 인상은 아닌데요. 혹시 마음이 약한 편인가요?

안 ｜ 사람들은 인상이 부드럽거나 선해 보이면 약하다고 생각하는 것 같아요. 그렇지만 선한 것은 약한 것과 다르다고 생각합니다. 선한 것의 반대는 악한 것이며, 약한 것의 반대는 강한 것이지요. 따라서 선하면서 강할 수 있고, 반대로 악하면서 약할 수 있지 않을까요? 제 스스로 말하긴 좀 그렇지만 굳이 말하자면 저는 '외유내강(外柔內剛)형'이라고 할 수 있을 것 같아요. 특히 저는 강한 사람에게 강하고 약한 사람에게 약한 성격이기도 합니다. 약자에게는 따뜻하게 대하는 편이지만, 강한 사람이 부당하게 공격하면 더 세게 맞받아치는 '괴팍한' 성격이 있습니다. (웃음) 사업을 하는 동안 척박한 환경 속에서 경쟁자들과 겨루고 결국 살아남았던 것도 이런 성격 덕이었다고 생각해요.

제 ｜ 알고 보니 무서운 분이시군요. (웃음) 집에선 어떤지 궁금하네요. 부인은 어떤 분이신가요?

안 | 제 아내는 제가 정치를 선택하지 않을 수 있다면 좋겠지만, 제 결정을 존중하겠다고 합니다. 아내 역시 평범하지 않은 선택을 하며 살아왔는데요, 10여 년 전 의약분업 문제로 의사들이 파업했을 때 사회구조와 제도에 관심을 갖고 더 늦기 전에 공부를 해야겠다고 하더군요. 의대 교수 시절에 동기들 중 제일 먼저 승진해서 부교수가 됐는데, 법학 공부를 하러 미련 없이 미국으로 떠났어요. 아내가 딸을 데리고 떠나 3년을 워싱턴주립대학에서 먼저 공부했고 제가 뒤따라 유학을 가서 3년간 미국에서 함께 생활했습니다. 그때 제 아내는 스탠포드 법대에서 연구원으로 있으면서 법대와 의대 양쪽에서 모두 논문을 썼죠. 캘리포니아와 뉴욕 주 두 군데에서 변호사 자격증을 받았고요. 진실하고 책임감이 강하고 열심히 사는 사람입니다. 전문가로서 충분히 자신의 삶을 살아갈 수 있는 사람인데, 요사이 저 때문에 피해를 보는 일이 많아서 안쓰럽습니다.

제 | 의대 시절 만나서 봉사활동을 함께하셨다고 들었어요.

안 | 저보다 한 학년 아래였는데, 가톨릭학생회에서 의료봉사를 하면서 자연스럽게 연애를 했죠. 얼마 전에 〈건축학개론〉이라는

영화를 함께 봤는데요, (오해와 실수로 첫사랑과 결별하는 스토리에 대해) 아내와 "우린 저런 힘든 일 안 겪어 다행이다" 하고 얘기했어요. (웃음)

제 | 두 분이 여러모로 비슷하다는 느낌도 드는데요, 원장님은 가정에서 어떤 남편인가요? 솔직하게 말씀해주세요.

안 | 저는 처음부터 부부는 동등한 인격체라고 생각했고, 결혼해서 집안일도 최대한 함께 나누어 했습니다. 물론 안연구소를 차려서 정신없을 때는 거의 돕지 못했고, 결혼 초에는 집안일에 대한 개념이 부족해서 다투기도 했지만요. 결혼을 하니 제가 벗어놓은 양말을 제가 치우지 않으면 영원히 그 자리에 있더군요. (웃음) 군의관으로 복무하면서 집에서 출퇴근하던 시절, 그리고 안연구소를 차리기 전 몇 달 동안은 아이를 매일 외할머니 댁에 데려다주고 데려오는 것과 함께 집안일을 많이 했어요. 지금도 쓰레기 분리수거나 식기세척기에서 그릇 꺼내 정리하기, 면 삶기 등은 제가 하죠. 미국에서 살 땐 미니 로봇 청소기 등 기계를 많이 썼고요. 결혼 후 계속 맞벌이를 하면서 집안일 도와줄 사람을 거의 쓰지 않다가, 서울대에 부임한 후에야 일주일에 한 번씩 아주머니의 도움을 받고 있어요.

제 | 요리도 좀 할 줄 아시나요?

안 | 요리는 둘 다 잘 못하는데요, 공부하느라 바쁠 때는 '테이크 아웃' 음식을 많이 이용했어요. 식성은 좋은 편이라 아무거나 잘 먹고요. 집에서 파스타 같은 걸 해 먹을 때는 면을 잘 삶는다고 국수 삶는 일은 늘 제게 맡깁니다.

제 | 두 분은 별로 다투실 것 같지 않은 인상인데요.

안 | 신혼 초에 서로 잘 모르고 서툴러서 좀 티격태격하기도 했어요. 요즘도 가끔 다툴 때가 있는데 결국 제가 야단맞고 반성하는 것으로 끝납니다. (웃음)

제 | 맞벌이를 했는데 따님은 순조롭게 잘 자랐나요? 아빠가 수학 같은 것을 직접 가르쳐주셨을 것 같기도 한데요.

안 | 제 딸을 직접 가르치는 건 정말 어렵던데요. 산수를 가르쳐봤는데, 당연한 걸 이해를 못하면 화가 나서 차근차근 설명을 못하겠더라고요. (웃음) 엄마가 훨씬 잘하는 것 같았어요. 초등학교 때 학교 선생님이 불러서 갔는데 반에서 제 딸 혼자만 선행학습을 안 해 왔다면서 과외를 시키라고 해 할 수 없이 수학 학

원에 보낸 적이 있습니다. 유학을 보낼 생각은 없었는데, 중학교 때 엄마가 유학 가면서 따라가 거기서 공부하게 됐죠. 그러다 보니 대학 공부도 미국에서 하게 됐고요. 미국에서 공립 중고등학교를 다니는 동안 과외는 따로 하지 않았죠.

제 │ 따님하고는 대화가 잘 통하나요?

안 │ 엄마가 바쁠 때 아이 데리고 동물원이랑 놀이공원 같은 데 많이 다녔어요. 요즘도 집에 오면 함께 영화도 보고, 맛있는 것도 먹으러 다니죠. 휴일 아침 시간에 야구 모자를 쓰고 가면 알아보는 사람도 없고 가격도 저렴해요. 며칠 전에도 졸업식 후 잠깐 귀국한 딸과 함께 영화를 보러 갔다 왔어요.

제 │ 따님이 어릴 때는 키우느라 양가 부모님 손을 많이 빌렸다고 하셨죠?

안 │ 네, 전에 한번 말씀드린 것처럼 아내가 레지던트 1년차 때 딸을 낳아 레지던트 기간 3년 내내 병원에서 어려움이 많았어요. 출산휴가도 한 달밖에 못 쉬고 선배들 눈치도 보여서 마음고생을 했는데, 키우는 일도 막막했어요. 그래서 처음엔 서울 사시는 장모님이 와서 돌봐주시거나 제가 출근할 때 장모님 댁에 맡겼다 퇴근할 때 데려오곤 했어요. 군의관 시절에는 출근 시간이 빠르니까 사당동에서 새벽 6시에 아이를 차에 태워 동부이촌동 장모님 댁에 맡기러 갔죠. 그러다 장모님이 너무 힘들어하시는 것 같아 1년에 3분의 1 정도는 부산 어머니께 맡겨 이산가족이 되기도 했고요. 이런 형편이니 직장 눈치도 보이고 키우기도 막막해 둘째 아이는 생각도 못했죠. 한번은 잠깐 아이를 돌봐주는 아주머니를 구한 적이 있었는데, 어느 날 일찍 퇴근해 보니 아이 혼자 마루에서 울고 있고 아주머니는 무심하게 목욕을 하고 계시더라고요. 당시 제가 의대 대학원을 다니면서 조교를 했는데 월급이 30만 원 정도였어요. 둘이 벌어도 대학원 등록금 내기가 빠듯했고, 생활비도 부족해 일하는 분 도움을 받기 어려웠고요. 아이 때문에 신세지는 것 외에 부모님께 손 벌리는 일은 절대 없어야 한다고 생각했고요.

열심히 식스팩 만드는 중이에요

제 | 종교는 있으세요?

안 | 저는 없습니다. 아내가 가톨릭 신자라 성당에서 혼배성사를 했어요. 학생 때 교리문답 교육은 받았는데 영세는 안 받았습

니다. 평생 변함없이 신앙을 지킬 수 있으리라는 확신이 들어야 영세를 받을 수 있다고 생각했는데, 그 당시에는 그럴 자신이 없었거든요. 그런데 저희 어머니와 외가 친척들은 독실한 불교 신자세요. 종교가 달라도 서로 존중할 수 있고, 편 가르고 싸울 일은 아니라고 생각합니다.

제 | 늘 공부하는 인생이었다고 할 수 있을 텐데요, 정기적으로 모이는 공부 모임 같은 것도 있나요?

안 | 각 분야 전문가들과 얘기하는 것을 좋아하기 때문에 지난 20여 년간 꽤 많은 사람들을 만나 의견을 나눴습니다. 세미나에도 많이 참석했고요. 강의뿐 아니라 컨퍼런스(학술회의)에 참석해서 듣기를 좋아하는데 사람들이 알아보기 시작한 후로는 강사 분들이 불편해하시는 것 같아 국내보다 해외 컨퍼런스에 주로 갔습니다. 인문학이나 문화에 대한 포럼, 소규모 금융전문가들 모임 등 정기 모임도 있습니다만 요즘은 잘 나가지 못하는 편입니다.

제 | 한가한 시간에 즐기는 취미는 어떤 게 있나요?

안 | 영화를 좋아해서 화제가 된 영화는 대부분 보는 편입니다. 디

브이디(DVD) 등을 통해 집에서도 보고요. 아이가 어릴 때는 '마리오 카트'처럼 아이와 함께 놀 수 있는 게임도 즐겨 했습니다. 스포츠 중에는 야구를 좋아하는데요, 제가 부산고를 다닐 때는 부산고가 3년 동안 전국 우승을 다섯 번이나 했을 정도로 야구 명문이라 응원하러 많이 다녔고, 이후 롯데 팬이 됐어요. 그런데 한동안 롯데가 계속 져서 지친 일도 있어요. 그래서 성적이 나쁜 시즌에는 가슴이 아파 아예 경기를 보지 않기도 해요.

제 | 직접 하시는 운동은 없나요?

안 | 건강을 위해 근육 운동을 하고 있는데 몸도 가벼워지고 좋은 것 같습니다. 열심히 '식스팩'을 만드는 중이에요. (웃음) 다른 운동은 딱히 즐기는 게 없고 별 재능도 없는 것 같아요. 달리기도 100미터 기록이 15초로 별로 잘 뛰지 못하는데, 장거리 달리기는 거리가 멀수록 더 잘하고 1등을 한 경우도 많습니다. 이를 악물고 오래 참는 데는 소질이 있는 것 같아요.

2 어떤 현실주의자의 꿈

정치는 내가 선택하는 것이 아니라 주어지는 것, 국민들의 기대와 열망을 정
확히 파악하는 것이 중요하다. 만약 내가 정치를 하게 된다면 과연 그 기대
와 열망에 어긋나지 않을 수 있을까?

—

어떤
현실주의자의 꿈

—

평화 위에 세우는
공정한 복지국가

제 | 원장님이 정치 참여를 고민하게 된 것은 기성 정치세력들이 제시하는 국가 비전과 대안에 설득력과 신뢰성, 진정성이 부족하다고 생각하는 국민들이 많기 때문일 것입니다. 원장님은 지금 우리가 어떤 나라, 어떤 사회를 지향해야 한다고 생각하시나요?

안 | 우리는 지난 50여 년간 산업화와 민주화를 성취했습니다. 처음 25년은 이른바 '먹고사는 문제'를 해결하는 데 몰두했고, 후반 25년은 자유에 대한 갈구를 토대로 민주화를 이루었다고 할 수 있죠. 그 결과 선진국들이 200년에 걸쳐 이룬 일을 우리는 50년 만에 해내는 커다란 성과를 올렸습니다. 그러면 앞으로는 무엇을 향해 나아가야 할까요? 저는 불안감 해소가 중요

하다고 생각합니다. 우리 사회는 지금 주거, 보육, 교육, 건강, 노후 등 민생의 기본적인 영역에서 광범위한 불안에 시달리고 있습니다. 어느 정도 생활수준이 되는 중산층도 가족 중 한 사람이 중병에 걸리면 한순간에 빈곤층으로 전락할 수 있는 형편이고요. 자녀들 교육시키다 보면 노후대책을 세울 여유가 없죠. 어렵게 대출을 받아 아파트를 장만했는데 이자 갚느라 쩔쩔 매는 집들도 많죠. 개인들이 각자 불안하다 보니 자기만 생각하는, 그리고 자기가 속한 집단만 생각하는 이기주의가 팽배해 있습니다. 그래서 우리의 전통적 미덕인 사회 공동체 의식도 급속하게 약화되고 있어요. 정부가 국민의 불안을 해결해주지 못하니 각자 살기 위한 방편에 몰두한 결과겠지요.

이제 이 문제를 개개인의 경쟁력이나 책임에만 맡기지 말고 국가가 기본적인 안전망을 제공해서 불안을 해소해줄 때가 됐다고 생각합니다. 또 시장에서의 경쟁에는 공정한 기회와 규칙이 보장돼야 하고요. 그래서 저는 우리가 '정의로운 복지국가' 혹은 '공정한 복지국가'를 건설해야 한다고 생각합니다. 또 복지와 정의는 평화가 전제되지 않고는 달성할 수 없으니, 남북의 통일을 추구하면서 평화체제를 구축하는 과제도 절실합니다. 결국 복지, 정의, 평화가 우리가 나아갈 방향의 핵심이라고 할 수 있습니다.

우리가 가진 제한된 자원으로 이런 중요하고도 어려운 과제를 달성하려면 많은 국민들의 동의와 합의가 필요할 거예요. 소통을 위한 공감대를 만들어야 하고요. 현재의 정치권은 진영 논리에 빠져서 상대의 의견을 좀처럼 받아들이지 않는데, 화합과 소통의 리더십을 통해서 복지, 정의, 평화의 시대적 과제를 추구해야 한다고 생각합니다.

제 | 우리 국민들이 광범위한 불안에 시달리고 있기 때문에 복지를 통해 그 불안을 해소해야 한다고 하셨는데, 특히 어떤 현상들을 보고 그런 생각을 하셨나요?

안 | 지금 우리의 심정과 상황을 가장 잘 나타내주는 통계 수치가 두 가지라고 생각해요. 자살률과 출산율입니다. 자살률이라는 것은 지금 우리가 살고 있는 환경이 얼마나 힘든가를 보여주는 수치라고 생각하는데요, 불행히도 우리나라가 경제협력개발기구(OECD) 국가 전체 중 1위입니다. OECD 회원국 중 자살률이 가장 낮은 나라에 비해 10배나 높아요. 거의 매일 40여 명 정도가 스스로 목숨을 끊고, 1년이면 1만 5,500여 명이 비극적 선택을 합니다. 우리의 삶이 얼마나 각박한가를 보여주는 수치죠.

출산율이란 것은 미래에 대한 희망을 표현한다고 할 수 있을 거예요. 우리가 낳은 아이가 앞으로 얼마나 행복하게 잘 살 수 있는가 하는 기대에 따라 출산율이 영향을 받는다고 생각해요. 불행하게도 우리나라의 출산율은 거의 세계 최하위 수준입니다. 자살률이 가장 높고 출산율이 낮은 나라. 한마디로 지금 가장 불행하고 미래에 대한 희망이 없는 사회라는 얘기가 아닐까요?

더 구체적으로 보면 갈수록 심해지는 경제 양극화와 실업문제, 비정규직, 가계부채 등 우울한 문제들이 쌓여 있죠. 10대들은 입시위주의 경쟁 교육에 시들어가고, 20대는 너무 비싼 등록금과 취업, 진로 등으로 고민하죠. 또 30~40대는 자녀의 사교육비와 집값, 전셋값 등으로 걱정이 태산이고요. 40~50대는 자녀들의 취업 걱정과 준비가 안 된 본인들의 노후문제가 있고, 60대 이상은 생계와 건강문제 등 가족 구성원 거의 대부분이 불안한 게 우리 사회의 모습이라고 봅니다.

제 | 전 세대에 걸친 광범위한 불안을 해소하기 위해 복지국가 건설이 필요하다고 하셨는데, 아무래도 '분배'의 성격이 강한 복지에 치중하다 보면 경제성장에 차질이 생기지 않을지 걱정하는 시각도 있지 않습니까?

안 | 제가 말하는 복지는 단순하게 있는 것을 나눠 갖고 소비만 하는 좁은 의미의 복지가 아닙니다. 오히려 일자리와 복지가 긴

밀하게 연결되고 선순환하는 넓은 의미의 복지라는 점을 강조하고 싶어요. 저는 지속적인 성장을 위해서도 복지국가 건설이 결정적으로 중요하다고 생각합니다.

우리 경제는 기존의 제조업만으로는 성장의 한계에 다다랐습니다. 제조업의 효율성이 높아지면서 일자리 창출이 쉽지 않게 됐거든요. 새로운 산업 동력의 창출 차원에서 지식정보산업의 발전과 창업 활성화가 필요합니다. 그런데 이를 위해서는 한 번 실패하더라도 재기할 수 있는 사회적 토대가 마련되어야 합니다. 주거와 보육, 의료 등에서 사회적 안전망이 튼튼해서 기초적인 생계를 걱정하지 않을 수 있다면 실패한 사람도 다시 도전할 의욕을 가질 수 있죠. 따라서 복지는 경쟁에서 뒤처진 사람을 돌봐주는 사후 처리에 그치는 것이 아니라 산업발전을 위해 꼭 필요한 토대라고 할 수 있어요. 지금과 같이 아이디어와 지식이 부를 창출하는 구조에서는 사람들에게 다양한 시도를 할 수 있는 기회를 줘야 새롭고 과감한 아이디어가 나올 수 있습니다. 사회적 약자를 보호하고 재도전할 수 있는 기회를 주는 것은 지식경제 사회에서 산업을 발전시키기 위해 필수적인 조건이란 것을 강조하고 싶습니다. 특히 저출산, 고령화로 생산 가능 인구가 줄어들고 잠재성장률이 추락할 위기에 놓인 상황을 타개하기 위해서도 복지 강화는 필수적이라고 생각해요.

제 | 그렇다면 다음으로 원장님이 추구하는 정의, 혹은 정의로운
사회란 어떤 것인가요.

안 | 정의로운 사회를 위해서는 세 가지 필수요소가 있다고 생각합
니다. 달리기경주를 예로 들면 이해하기가 쉬울 것 같아요. 우
선 달리기를 시작할 때는 모든 선수들이 같은 선에서 동시에
출발해야 합니다. 즉, 출발선에서 모든 사람에게 공평한 기회
를 부여하는 것이죠. 그리고 달리는 과정에서 어떤 반칙이나
특권도 허용하지 않고 공정하게 겨루게 하는 규칙이 있어야 하
고, 그게 잘 지켜지는지 심판이 감시해야겠죠. 마지막으로 결
승선에서 승자와 패자가 나눠졌을 때 패자를 그냥 버려두는 것
이 아니라 그에게 재도전의 기회를 줄 수 있어야 합니다.
이 기준으로 우리 사회를 보면 어떤가요? 우선 출발선상에서
모든 사람들에게 공평하게 기회가 주어지지 않고, 기득권이
대물림되고 있지 않습니까? 예를 들어 어떤 대학을 나왔냐는
것으로 그 사람의 인생이 좌우되는 경향이 아직 강하죠. 다음
으로 경쟁 과정에서 공정한 질서가 지켜지고 있나요? 중소기
업과 대기업 문제, 골목 상인과 대기업 문제를 보면 답이 뻔하
지 않습니까? 예전에 규제 철폐 이야기가 한창 나올 때 제가
한 인터뷰에서 "불필요한 규제가 철폐되는 것은 좋지만 감시
기능은 강화해야 한다"고 말한 적이 있습니다. 운동경기에서

규칙이 너무 복잡하면 선수도 위축되고 관중도 재미가 없을 테니 규정을 간소화하는 게 좋겠죠. 그렇다고 해서 심판까지 빼버리면 어떻게 될까요? 덩치 큰 선수가 반칙을 일삼는데 통제하지 못한다면 경기 결과가 엉망이 되지 않겠어요? 불행히도 우리 경제 영역에서는 이런 일이 실제로 일어나고 있습니다. 경쟁과정이 공정하다는 것은 특권이 통하지 않는다는 뜻인데, 그러려면 국가기구들이 감시하고 견제하는 역할을 제대로 해야 합니다.

마지막으로 우리 사회에서 경쟁에 진 사람에게 재도전의 기회를 주는 패자부활전이 가능한가요? 어렵습니다. 미국 실리콘밸리의 예와 비교해볼게요. 언젠가 언론에서 '실리콘밸리는 성공의 요람'이라고 쓴 것을 봤는데요, 핵심을 잘못 짚은 것이라고 생각했습니다. 실리콘밸리의 본질은 성공의 요람이 아니라 실패의 요람입니다. 100개의 기업 중에서 성공하는 기업은 정말 소수예요. 그런데 실패한 기업이나 기업주가 도덕적으로 문제가 없고, 열심히 성실하게 했는데도 실패했다면 그 사람에게 재도전의 기회를 주는 게 실리콘밸리의 미덕입니다. 그러면 이 사람은 다시는 같은 실수를 반복하지 않고 성공 확률이 이전보다 조금 높아지게 되죠. 서너 번 실패를 거쳐 결국 성공하면 과거의 실패들을 다 만회하고도 남을 정도의 성과를 거둡니다. 이게 그쪽에서 이야기하는 '개인 실패의 사회적인 자산화'입니다. 지식정보산업의 발전이나 창업의 활성화는 이런 토대가 없으면 잘 생겨나지 않습니다. 그런데 우리나라에선 이게 잘 안 되는 것이죠.

제 | 실리콘밸리 등 해외의 경우와 달리 우리나라에서 패자부활전이 어려운 이유는 뭘까요?

안 | 그건 우리 경제의 성장 전략과 관련이 있는데요, 지난 50여 년의 산업화 과정에서 우리는 주로 추격자(Fast Follower) 전략을 썼습니다. 가진 돈이 얼마 없다 보니 아무 곳에나 투자하면 가진 것을 다 잃어서 다시는 일어나지 못하잖아요. 그래서 남들이 해놓은 것 중 성공 가능성이 조금이라도 있는 것을 잘 살펴보고 그 뒤를 따라 전력 질주를 했던 것이죠. 그러다 보니 주위에서 같이 뛰다 넘어진 동료를 버려두고, 어떤 경우는 짓밟고 앞으로 나아갔어요. 그런 전략이 과거엔 성공했거든요. 그래서 추격자 전략을 쓰는 나라에는 실패를 용납하지 않는 문화가 있어요.

지금 우리나라의 1인당 소득이 2만 달러를 넘어 정체기를 맞지 않았습니까? 이대로는 3만 달러 넘기가 굉장히 힘들어요. 우리보다 더 무서운 추격자 중국이 쫓아오고 있고요. 이제 과거의 전략은 통하지 않아요. 이제는 선도자(First Mover) 전략이 필요한 때가 왔습니다. 새로운 아이디어로 새로운 영역을 개척해야 하는 것이죠. 그러나 문화가 안 바뀌면 이게 잘 되지 않습니다. 어떤 천재가 좋은 아이디어를 하나 내도 성공할 확률은 10% 정도 될 겁니다. 그래서 대부분 처음 시도는 실패하죠. 그런데 한 번 실패로 그 사람이 완전히 버려지면 그 모습을 보는 주위의 다른 천재들은 다시는 시도하려고 하지 않게 됩니다. 시키는 대로만 하려 하겠죠. 그러면 결국 우리는 새로운 산업을 만들 수 없어요.

제 | 복지, 정의, 평화 중 마지막으로 원장님이 말씀하시는 평화는 어떤 개념이고, 이 시점에서 왜 평화가 강조되어야 하나요?

안 | 복지사회, 정의사회는 평화가 없다면 불가능하죠. 모든 것이 평화가 없으면 존립할 수 없습니다. 우리는 북한과 거의 60년째 정전상태로 대치하고 있기 때문에 평화체제를 구축하는 것은 우리의 생존과 번영을 위해 필수적인 조건이에요. 궁극적인 평화 정착은 통일이 돼야 가능하겠지만 통일이 단기간에 이루어지긴 어려우니 우선 남북이 평화적 관계를 발전시키면서 통일을 향해 가야 한다고 생각합니다. 그것을 바탕으로 복지사회, 정의사회가 뿌리내릴 수 있을 것입니다.

제 | 시대적 과제인 복지, 정의, 평화의 대의를 부정할 사람은 없을 것 같습니다만 각론으로 들어가면 사람마다, 정치집단마다 생각이 다 다르죠. 복지만 해도 '복지 포퓰리즘'을 공격하는 세력이 있고, '경제 민주화'라는 같은 용어를 놓고도 여야 간의 생각이 다릅니다. 평화와 관련된 대북정책은 이념 대결이 가장 치열한 영역이기도 하고요. 과연 우리 사회가 어떻게 이 과제들을 이뤄나갈 수 있을까요?

안 | 소통과 합의가 가장 중요하다고 생각합니다. 우리가 원하는 미래사회, 복지사회를 이룬 나라들을 봅시다. 대표적으로 많은 사람들이 이야기하는 스웨덴이 있잖아요. 스웨덴은 진보정당인 사민당이 정권을 잡았을 때 야당과 대화를 통해서 사회적 대타협을 이뤄 복지국가를 만들 수 있었습니다. 또 독일은 스웨덴과는 반대로 보수당인 기민당이 집권한 후 야당과 힘을 합쳐 복지국가를 만들었죠. 선진국들의 경험을 보면 복지국가는 정치·사회 세력 간에 대립이 아니라 소통과 합의가 이뤄져야만 가능하다는 교훈을 얻을 수 있습니다. 사실 보수, 진보 이야기를 많이 하지만 저는 이 두 진영이 적이라고 생각하지 않아요. 상호보완적이라고 생각합니다. 보수라는 것은 그 사회의 안정을 유지하는 세력이고, 진보는 새롭게 도전하고 발전하게 만드는 세력이죠. 양쪽이 소통하고 타협해야 한 사회가

안정을 유지하면서 동시에 도전과 발전의 기회도 가질 수 있는 것 아닙니까? 그런데 우리 사회는 상식과 비상식의 대립이 보수와 진보의 건전한 협력을 막고 있다고 생각해요. 사실 누가 봐도 절실한 복지 확충, 경제 민주화 같은 과제에 대해서도 '좌파'의 딱지를 붙이며 색깔 공세를 펴는 비상식적 세력이 건전한 보수와 진보의 소통을 방해하거든요. 이제는 우리가 상식을 회복하고 합리적인 소통과 합의를 이뤄나가야 한다고 생각합니다.

제가 지난해 《경영의 원칙》이라는 책을 썼는데요, 거기에 전쟁과 정치의 공통점과 차이점에 대한 어떤 분의 설명을 인용했어요. 전쟁과 정치는 적과 싸운다는 점은 같답니다. 그런데 전쟁은 적을 믿으면 안 되는 것이고, 정치는 아무리 적이라고 해도 상대방의 궁극적인 목적이 나라를 발전시키는 데 있다는 기본적인 믿음을 가져야 한다는 거예요. 그러니까 적을 믿으면서 싸우는 것, 기본적인 믿음은 가지면서 대결하는 것이 정치라는 얘깁니다. 이런 믿음 위에서 소통의 정치를 추구해야겠죠.

제 | 아주 이상적이지만 '우리 정치의 현실을 모르는 순진한 생각'이라고 할 사람도 있지 않을까요?

안 | 그럴 거예요. 우리 정치 현실에서 쉽지 않은 얘기라는 점은 인
정합니다. 하지만 정치가 빨리 변하지 않으면 국민들이 외면
할 것이라는 점을 알아야 합니다.

저도 정치에서 대립하는 세력 간의 싸움은 피할 수 없다고 생
각해요. 다만 싸울 때 세 가지 관점이 중요하다고 봅니다. 무엇
을 위해 싸우는가, 어떤 주제를 가지고 싸우는가, 싸움의 결과
로 어떤 합의를 끌어내 사회를 발전시키는가죠. 정치인들이
국민을 위해서, 정책에 대한 가치관과 철학에 대한 차이를 가
지고 싸우고, 그 결과로 합의를 끌어낼 수 있다면 바람직한 싸
움이죠. 그러면 치열하게 싸우고 난 후 사회적으로 좋은 결과
를 얻을 수 있을 거예요. 그 반대는 권력 쟁취를 목적으로, 상
대방이 얼마나 나쁜 놈인지 공격하며 싸우고, 끝까지 합의가
안 되는 평행선을 가는 것이겠죠. 우리 정치인들이 이렇게 싸
운다면 우리가 바라는 복지, 정의, 평화는 불가능할 것입니다.
우리 정치가 한시 바삐 과거의 적대적 프레임에서 벗어나 미
래를 두고 정책으로 경쟁하는 단계로 발전해야 합니다.

부자여야 복지를 한다 VS
복지를 해야 부자가 된다

제 | 그럼 이제 복지, 정의, 평화의 구상을 하나하나 살펴볼까요. 복지는 성장을 위한 필수조건이라고 강조하셨죠? 그렇다면 지금 우리 사회에서 가장 시급하게 복지가 확충되어야 할 분야는 어디고, 핵심적으로 필요한 제도와 정책은 무엇이라고 보십니까?

안 | 우리 사회의 광범위한 불안은 보육과 교육, 주거, 건강, 노후, 일자리 등 민생의 핵심 영역에서 기초적인 안전망이 부족해서 비롯된 것이니 우선 이들 영역에서 복지를 확충하는 일이 시급하다고 생각합니다. 다만 복지에 쓸 재원은 한정적이니까 우선순위를 잘 정해야겠죠. 보육과 건강 등 가장 시급한 분야부터 사회적 합의에 따라 진일보한 복지체계를 확립할 필요가

있습니다. 특히 보육, 교육, 의료 등에서는 국공립 보육시설을 늘리는 등 부족한 사회복지 서비스를 대폭 강화함과 동시에 이를 일자리 창출과 연계하는 방식이 필요하다고 생각합니다. 또 특별한 관심이 필요한 장애인 등 취약계층에 대해서는 단순한 지원 외에 자립기반 마련 등 질적인 접근을 강화할 필요도 있겠지요. 그래서 성실하고 근면하게 사는 사람이라면 누구도 기본적인 생존과 미래에 대해 불안을 느낄 필요가 없고, 질병과 장애로 자립 능력을 잃은 구성원은 공동체가 함께 돌봐주는 따뜻한 사회를 만들었으면 좋겠습니다.

제 ┃ 지금 지적하신 보육, 교육, 주거, 건강, 노후, 일자리 등은 저출산, 고령화 추세가 심각하고 경제 양극화가 날로 심해지는 우리 사회에서 시급히 확충해야 할 복지영역으로 다른 정치인과 전문가들도 인정하고 있는 것 같습니다. 각 정당들도 내용상 차이는 있지만 모두 관련 정책들을 내놓고 있고요. 여야의 결정적인 차이는 핵심적 영역의 복지를 소득 구분 없이 모든 계층에게 제공하는 보편적 복지로 가느냐, 아니면 지금처럼 가난한 소수만 골라서 혜택을 주는 선별적 복지를 하되 대상과 내용을 확대하는 것에 중점을 두느냐인 것 같습니다. 원장님은 어떤 입장이십니까?

안 ㅣ 저는 복지체제 전체를 뭉뚱그려서 선별적 복지, 보편적 복지로 나누기보다는 시대 상황과 현실적 여건에 맞춰 보편과 선별의 전략적 조합을 만들어야 한다고 생각합니다.

지금 우리 사회에 복지 확대가 시급한 이유의 하나는 갈수록 경제 양극화가 심해지면서 중산층의 불안도 커지고 있기 때문입니다. 자영업을 하다 망하거나 중병에 걸리면 중산층이라도 어느 순간 빈곤층으로 추락하게 되지 않습니까? 이런 불안이 공동체의 위기를 낳고 있죠. 그래서 중산층까지 포괄하는 사회안전망 구축이 필요하다고 봅니다. 이게 보편적 복지의 정신이죠. 이런 복지는 중산층과 서민이 복지에 대해서 같은 이해관계를 가지게 되는 것이니 세금에 대한 합의를 이끌어낼 수 있고 복지의 질적 수준도 높일 수 있습니다. 예를 들어 중산층 가정의 아이도 급식을 먹는다면 '내가 돈을 더 낼 테니 급식의 질을 높이자' 하겠지만, 가난한 아이만 급식을 먹는다면 '세금을 내는 사람에게 부담을 주지 않도록 단가를 낮춰야 한다'는 반응이 나오지 않을까요? 그러니 보편적 복지는 내가 낸 세금의 혜택을 실감하고 '함께 누리는 복지'를 확대할 수 있는 체제라고 하겠습니다.

반면 선별적 복지만 고수한다면 부유층과 중산층의 '반(反)복지 동맹'이 형성될 가능성이 높아요. 세금 내는 사람 따로, 혜택 보는 사람 따로이니, 사회적으로 증세와 복지 확대에 대한 저항이 커질 수 있을 것입니다. 선별적 복지는 또 '낙인 효과'를 만들어 사회통합에 금이 가게 하죠. 국민을 '시혜자'와 '수혜자'로 구분하니까요. 예를 들어 학교급식의 경우 가난한 아이들에게만 무상급식을 하면 '얻어먹는 아이'라는 낙인을 찍을 수 있습니다. 이것은 경제적 효율을 따질 문제가 아니라, 자라나는 아이들의 인권과 정서라는 측면에서도 배려가 필요한 문제라는 점을 강조하고 싶어요. 선별적 복지를 하다 보면 수혜 자격, 즉 가난을 입증하고 검증하는 과정에서 막대한 행정비용이 든다는 점도 감안할 필요가 있고요.

그런데 보편적 복지의 문제점은 아무래도 많은 돈이 들기 때문에 재정적 부담이 크다는 것이죠. 복지를 확충하기 위해 세금을 더 걷거나 정부의 다른 지출을 줄여야 하죠. 뒤집어 말하면 선별적 복지는 재정 건전성을 유지한다는 면에서 장점이 있다는 얘기고요. 그래서 우리가 새로운 복지시스템을 설계할 때는 보편과 선별의 대상을 합리적으로 구분하고 재정 여건에 맞게 단계적인 시행방안을 마련해야 한다고 봅니다. 이 과정에서 사회적으로 많은 토론을 거쳐 공감대를 만들어나가야 할 필요가 있고요.

지금 제 생각은 장애인이나 극빈층 등 긴급한 지원이 필요한 취약계층 대상의 복지를 우선적으로 강화하고, 동시에 지금부터 보육, 교육, 건강, 주거 등 민생의 핵심 영역에서 중산층도

혜택을 볼 수 있는 보편적 시스템을 사회적 합의와 재정 여건에 맞춰 단계적으로 도입하는 것이 바람직하다는 것입니다.

제 | 무상급식과 관련한 논쟁 과정에서 '왜 이건희 회장의 손자까지 공짜 밥을 먹여야 하느냐'며 보편적 복지에 반대하는 주장이 있었는데 이에 대해선 뭐라고 하시겠어요?

안 | 유시민 전 의원이 TV 토론에 나와서 그러더군요. "그렇게 세금을 많이 냈는데 먹여도 되지 않나." 저도 같은 생각입니다. 부유층 자녀는 부모, 조부모가 이미 많이 낸 세금의 혜택을 당당히 누리는 것이지 결코 '공짜'로 먹는 게 아니죠. 가난한 집 아이들은 사회적인 부조를 받는 것이고요. 사실 학교급식은 우리가 초등학교와 중학교를 대상으로 실시하고 있는 의무교육의 일환으로 당연히 의무급식이 되어야 한다고 봅니다. 이건희 회장의 손자라도 공립 초·중등학교를 다닌다면 등록금을 낼 필요가 없는 것처럼 급식도 무상으로 받는 것이 당연하죠. 등록금과 급식뿐 아니라 점진적으로 교복, 학습교재 등도 무료로 지급이 돼야 명실상부한 의무교육이 될 수 있다고 봅니다.

제 | 복지 확대에 반대하는 사람들은 '복지를 급속히 늘리면 남유

럽처럼 재정위기를 겪게 된다'고 주장하기도 하는데요.

안 | 남유럽국가들의 복지 수준은 유럽에선 하위권에 불과합니다. 복지 지출이 많아 재정위기를 맞았다면 훨씬 수준이 높은 북유럽이 먼저 망했어야 했겠죠. 그런데 스웨덴 등 북유럽국가들은 글로벌 금융위기 이후 가장 안정된 성장세를 보이고 있습니다. 복지의 안전망이 오히려 위기에서 경제를 구한다는 사실을 확인할 수 있죠. 남유럽의 문제는 글로벌 금융위기의 후유증, 즉 부동산시장 붕괴와 구제금융, 재정지출 확대가 원인이었고 유로 통화 통합으로 환율의 경기대응 기능을 잃은 것 등이 복합적으로 작용했다고 알고 있습니다. 특히 재정 수요가 늘어나는데 무리한 감세 정책을 써서 조세 수입이 줄고 재정적자가 늘어난 것, 탈세가 만연한 것, 복지 설계가 사회서비스 확충 대신 현금소득 지급 위주로 잘못된 것 등에 원인이 있다고 분석되고 있죠. 복지를 늘릴 때 재정 건전성을 함께 생각하는 자세는 꼭 필요하지만, 지금 우리나라의 복지 지출 수준이 OECD 평균의 절반도 안 되는 형편에서 좀 늘리자는 얘기를 두고 '재정위기'를 운운하는 것은 부적절하다고 생각해요.

제 | 우리나라 젊은 부부들에게 가장 어려운 문제의 하나가 아이를

키우는 일입니다. 출산율이 낮다는 것을 지적하셨지만 아이 하나 낳고 키우는 데 돈이 너무 많이 들고, 또 맞벌이하면서 안심하고 맡길 시설도 부족해서 아이를 아예 포기하는 부부도 있죠. 보육 복지는 어떻게 강화되어야 할까요?

안 | 보육의 어려움은 저소득층만의 문제가 아니죠. 저 자신도 체험했고 많은 중산층 전문직 가정들도 애로를 겪고 있습니다. 그래서 이 문제는 특히 보편성의 관점에서 접근이 필요합니다. 해결은 우선 공공 보육서비스를 강화하는 것부터 시작해야 한다고 생각합니다. 현재 국내 국공립 보육시설의 수용 능력은 아동수를 기준으로 전체의 10% 정도밖에 되지 않습니다. 하지만 유럽 선진국은 70~80%에 이른다고 합니다. 국내 국공립 어린이집이 민간시설에 비해 상대적으로 저렴하면서도 교육 내용이나 안전성 면에서 우수하기 때문에 인기가 높은데, 수용 능력이 부족해서 한 시설당 보통 수백 명의 대기자가 기다리고 있다고 하고요. 우선 국공립 보육시설을 대상 아동의 30% 정도는 수용할 수 있을 만큼 단계적으로 늘려나가야 한다고 생각합니다. 이를 통해 민간시설의 보육 수준도 국공립시설 수준으로 올리도록 유도해야 하고요. 또 상당수 민간 보육시설의 교사들이 거의 최저임금 수준의 낮은 보수를 받으며 장시간 근로를 하고 있는 형편인데, 정부 지원 등을 통해 보육

종사자들의 처우도 개선해야 합니다. 그동안 국공립 보육시설 확충이 왜 안 되었는지를 알아보니 민간 보육시설의 반발도 한 원인이라는 얘기가 있더군요. 앞으로 경영난을 겪는 민간시설을 중앙이나 지방정부가 인수하고 교사들을 국공립시설에 채용하는 방법 등 서로 '윈윈' 할 수 있는 해결책을 찾아야 하지 않을까 생각합니다.

제 | 스웨덴, 프랑스 등 유럽 선진국을 보면 영유아나 장애아동 등을 보살펴주는 가정파견 돌보미제도 등이 활성화돼 있어서 꼭 어린이집에 보내지 않아도 보육지원을 받을 수 있습니다. 또 대다수 선진국들이 일정 연령 이하의 자녀를 둔 가정에 매달 소정의 현금을 지급하는 아동수당제를 도입하고 있는데, 이런 정책에 대해서는 어떻게 생각하시나요?

안 | 우리도 아동수당제의 도입이 필요하다고 봅니다. 다만 구체적 재원 마련 방안과 정책의 우선순위 등을 고려해서 도입 시기와 수준을 정해야겠죠. 또 가정파견 돌보미 등 다양한 형태의 육아 지원이 지금보다 훨씬 활성화돼야 한다고 생각합니다. 해당 업무에 종사하는 분들의 처우도 개선되어야 하고요. 그러면 이런 분야에서도 좋은 일자리가 늘어날 수 있다고 생각합니다. 보육시설에 아이들을 보내놓고 급식이나 사고, 아동

학대 등의 걱정 때문에 불안해하는 부모들도 적지 않은데 보육시설에 대한 관리와 점검을 강화하는 노력도 필요합니다.

제 | 보육 문제에 있어서는 법과 제도, 서비스를 확충하는 것과 함께 기업 등 사회 전반의 의식과 관습이 바뀌어야 할 부분도 많은 것 같은데요.

안 | 맞습니다. 제 아내도 레지던트 시절 아이를 낳아 제대로 쉬지도 못하고 눈치를 많이 봤다는 말씀을 드렸지만, 법정 출산휴가와 육아휴직 제도가 있어도 기업 현장에서 잘 지켜지지 않는 것 같습니다. 육아휴직을 썼다가 복귀한 후에 해고를 당하는 억울한 경우도 있고요. 이 부분은 잘하는 기업에 대한 인센티브(보상)와 잘못하는 기업에 대한 패널티(제재)를 잘 설계해야 한다고 생각합니다. 여성근로자가 일과 가정을 잘 꾸려갈 수 있도록 환경을 만들고 이를 지원하는 기업에 대해서는 여러 가지 혜택을 주는 한편, 법정 휴가를 쓰기 어렵게 하거나 임산부를 차별하는 사업장에 대해서는 벌금과 형량을 높여서 엄한 제재를 해야 변화가 생길 거예요. 여성뿐 아니라 남성의 육아휴직도 권장해서 아이를 키우는 일을 부모 공동의 책임으로 여기는 문화도 확산시킬 필요가 있고요. 지금도 여성가족부에서 모범기업을 선정하는 제도가 있는 것으로 아는데, 보다 적

극적으로 기업들을 평가하고 실질적인 보상이나 제재를 해야
한다고 봅니다.

지금 우리 사회에 닥친 가장 큰 위기 중 하나가 저출산, 고령화
로 인한 생산 가능 인구 감소, 그리고 그에 따른 잠재성장률 하
락이죠. 아이를 낳아 기르는 문제와 관련해서 사회 전반의 의
식과 관습이 바뀌어야 출산율을 높일 수 있고, 여성들이 안심
하고 직장에서 능력을 발휘할 수 있을 거예요. 국공립 보육시
설이나 가정파견 돌보미제도 확충과 처우 개선 등을 통해 보
육분야에서 안정적인 일자리가 늘어나면 경제 활성화에도 도
움이 될 것이고요. 보육문제는 복지 지출이 아니라 우리의 경
제와 미래를 위한 투자라는 시각에서 접근하는 것이 옳은 방
향이라고 생각합니다.

제ㅣ 젊은 부부들이 보육문제로 고통을 받는다면 중년 이후의 세대
는 건강에 대한 불안과 의료비에 대한 걱정이 특히 심각합니
다. 그런데 최근 몇 년간 '의료산업 발전과 일자리 창출을 위
해 영리병원 허용 등 의료 민영화가 필요하다'는 주장과 '오히
려 낙후된 의료의 공공성을 강화해야 한다'는 주장이 맞서면서
우리나라 의료시스템이 어떻게 변화하게 될지 논란이 많은데
요, 이 문제는 어떻게 생각하십니까?

안 | 의료 민영화 혹은 영리화가 가장 진전된 미국을 보세요. 의료 비용이 올라가 전 국민들이 많은 고통을 받고 있지 않습니까? 현재 우리나라는 국공립 의료시설의 비중이 전체의 10% 남짓에 그칠 정도로 의료의 공공성이 떨어지는 상황인데 여기서 의료를 민영화, 영리화하는 것은 결코 바람직하지 않다고 생각합니다.

우리는 오히려 현재 60% 정도에 불과한 건강보험의 보장성을 강화하는 것이 시급한 과제라고 생각합니다. 현재 우리 국민들은 건강보험이 암 등 중병 치료비를 충분히 보장하지 못하고 있기 때문에 큰 병에 걸리면 파산할까봐 민간 의료실손보험에 많이 의지하잖아요. 가구당 평균 수십만 원씩을 민간 의료보험료로 내고 있고요. 그런데 막상 병에 걸리면 이런저런 이유를 대며 보험료 지급을 거절하는 경우도 많죠. 국가도 건강보험재정을 늘리고, 각 가정도 형편에 맞게 약간씩 건강보험료를 더 내는 등 현실적인 방안을 마련해서 건강보험의 보장성을 선진국 수준으로 높여야 한다고 생각합니다.

제 | 교육 분야에도 고등학교 의무교육, 대학등록금 인하 등 많은 쟁점들이 있습니다. 교육 복지는 어떤 방향으로 확충해야 할까요?

안 | '가용한 재원이 얼마나 되나'를 중심으로 역시 우선순위를 따져봐야겠지만 장기적으로 고등학교까지는 의무교육이 돼야 한다고 봅니다. 대학등록금은 우리나라가 OECD 회원국 중 미국에 이어 두 번째로 높은 수준인데 우리 경제력에 비해 너무 높죠. 당장 반값은 어렵더라도 적정한 수준으로 낮춰가야 한다고 생각합니다. 이를 위해서는 대학에 대한 재정 지원을 단계적으로 늘리면서 대학들의 지출구조를 개선해서 등록금을 낮추도록 유도하는 다각도의 접근이 필요합니다. 특히 사학에 대한 관리를 제대로 해서 회계를 투명하게 하고 재단전입금을 늘리는 등 재단의 혁신을 유도해야 합니다. 교육부 공무원들이 은퇴하고 사학재단으로 많이 가기 때문에 사학에 대한 교육부의 관리감독이 허술하고 먹이사슬 구조가 형성돼 있다는 얘기도 있더군요. 기득권이 되어버린 일부 사학재단의 운영이 투명하게 이루어질 수 있도록 사회적 감시를 강화해야 한다고 생각합니다. 국가 장학금과 대출지원 제도도 형편이 어려운 학생들이 실질적으로 도움을 받을 수 있도록 개선되어야 하고요. 무상급식은 의무교육 대상인 전국의 초·중등학교에 단계적으로 확대 실시되어야 한다고 생각합니다.

제 | 주거 불안정도 서민층과 중산층의 생계에 큰 압박을 주는 요소입니다. 집값을 장만하느라 대출을 받은 뒤 주택부금을 붓

느라 허리가 휘는 가정, 툭 하면 전세보증금을 올려달라는 요구에 좌불안석인 세입자 등 고통받는 가정이 많죠. 주거 복지는 어떻게 확충해야 할까요?

안 | 안연구소에서 한창 일할 때 내 집 마련, 전세 자금 마련에 고통받는 직원들을 많이 봤습니다. 그때 회사 예금을 담보로 은행에서 저금리 대출을 받아주는 제도를 마련하기도 했어요. 그래도 안연구소의 젊은 직원들 역시 내 집 마련은 쉬운 일이 아니더군요. 저도 오랫동안 전세살이를 해봐서 집 없는 설움을 잘 압니다.

저는 무엇보다도 부동산 정책이 경기부양이 아니라 서민의 내 집 마련 등 주거 안정에 목표를 두어야 한다고 생각합니다. 우선은 서민층을 위한 공공임대주택을 많이 제공해야 한다고 생각해요. 꼭 아파트를 새로 지으려고만 하지 말고 민간의 다세대주택을 사들여서 공공임대주택으로 전환하는 정책 같은 것을 확대할 필요가 있습니다. 국민연금이 많은 재원을 갖고 있는데 국민의 소중한 자산을 가지고 미래가 불안정한 오피스빌딩을 매입하기보다 국가보증하에서 안정적이고 공공성이 높은 공공임대주택 건설에 투자할 수 있게 하는 것도 좋은 방법이 되지 않을까요? 그리고 공공임대주택 입주권을 줘도 보증금이나 월세를 감당하기 어려운 취약계층에 대해서는 소득과

연계해서 임대료를 책정하도록 제도가 여러 면에서 현실화돼야 할 것 같습니다. 전월세 등 세입자 보호도 필요한데요, 우리나라의 학교나 직장의 주기를 생각해서 현재 2년인 임대차 보호기간을 3년 정도로 연장하도록 하는 게 어떨까 생각합니다. 전세보증금을 마음대로 올릴 수 없도록 합리적인 선에서 상한제를 실시하는 것도 필요하다고 보고요.

제 | 복지 확대가 논의될 때 가장 대표적으로 거론되는 모델이 스웨덴인데요, 복지 확대에 부정적인 사람들은 '스웨덴은 선진국이니까 그만한 복지가 가능하지만 우리는 시기상조'라고 주장하는데 어떻게 생각하시나요?

안 | 스웨덴에 대해서는 "부자라서 복지를 하는 것이 아니라 복지를 해서 부자가 되었다"는 평가가 있더군요. 독일 등 대다수 선진국들이 1인당 국민소득 1만 달러 정도일 때 복지시스템에 대한 투자를 과감하게 했다고 합니다. 스웨덴은 그보다 훨씬 가난할 때 복지제도를 갖추기 시작했고요. 노령연금이 도입된 게 1919년, 기초수급제가 도입된 게 1930~40년대랍니다. 가난할 때부터 차근차근 복지안전망을 늘려왔기에 부자나라가 될 수 있었고, 지속 성장이 가능했다는 얘기죠. 이런 탄탄한 복지안전망이 지금 스웨덴의 산업 경쟁력의 토대가 되었다고 할

수 있어요.

지금 우리의 소득 수준에서 복지제도를 확충하지 못한다면 그 것은 의지가 없는 것이지 불가능해서 그런 것은 아니라고 생 각합니다. 다만 우리 정치가 지금처럼 편을 갈라 싸우면 복지 국가를 이루는 것은 불가능할 것입니다. 이미 말씀드렸지만 스웨덴도 사민당이 야당과 대통합, 협력해서 복지국가를 만들 수 있었고, 독일도 우파정권이 사회대통합으로 야당을 끌어들 이면서 복지체제를 완성했어요. 우리가 선진 복지국가로 발전 하기 위해서는 이념 대립과 갈등을 해소하고 사회통합을 이루 는 과제가 시급합니다.

제 | 스웨덴은 역사적으로 토론과 타협의 문화가 성숙했을 뿐만 아 니라 노동운동과 여성운동의 기반이 강력하고, 옴부즈만 제도 등으로 정부 행정에 대한 신뢰성이 높은 것 등 우리가 배워야 할 점이 많죠. 두 나라의 차이를 강조하기보다 무엇을 배울 것 인가를 생각하면 좋겠네요. 그런데 수많은 복지 확충의 과제 를 달성하려면 쓸 돈이 있어야 하는데, 재원은 어떻게 마련해 야 할까요?

안 | 우리가 희망하는 복지국가를 건설하려면 많은 재원이 필요한 게 사실입니다. 현재의 재원으로는 모두가 바라는 나라로 갈

수가 없어요. 우리나라의 국내총생산(GDP) 대비 복지 지출은 약 8~9%로 OECD 평균인 20%의 절반도 안 됩니다. 조세부담률도 우리나라는 GDP의 20% 남짓인데, OECD 평균은 26%, 사회보험 등을 합한 국민부담률은 우리나라가 25%, OECD 평균이 35% 정도더군요. 그러니 복지 지출을 늘리기 위해 점진적으로 세금을 늘리는 것은 불가피하다고 하겠습니다. "능력대로 내고, 필요한 만큼 쓰자"는 얘기가 있던데, 의료보험처럼 소득수준에 따라 능력대로 세금을 더 내고, 필요한 복지혜택을 받는 시스템이 바람직한 것 같습니다.

탈루되는 세금이 없도록 세무 행정도 강화해야 하는데, 탈세가 드러날 경우 일벌백계로 엄중하게 처벌해서 세금을 떼먹는 것은 엄두도 내지 못하도록 해야 합니다. 예를 들어 탈세액의 몇 배를 물리는 징벌적 벌금제를 도입하는 거예요. 세금 내는 사람뿐만 아니라 세무 공무원에게도 같은 제도가 적용돼야 하겠죠.

국민들이 조세정의를 실감해야 증세도 가능하기 때문에 제도와 문화, 기술 등 세 가지 측면에서 세정을 강화할 필요가 있다고 생각합니다. 제도는 아까 말씀드린 징벌적 벌금제도 등을 통해 일벌백계를 하는 것이고요. 문화적 관점에서는 결국 사람 문제이니 예를 들면 국세청장을 정권의 목적에 이용하지 않고 양심적인 사람으로 인선해서 투명하게 세금을 걷는 풍토를 만들고 세금을 정직하게 내는 사람이 존경받을 수 있는 사회 풍토를 만들어야죠. 기술적 관점에서는 개인정보 보호제도가 허용하는 범위 안에서 가능한 모든 자료를 공개해 사회적 감시가 이뤄질 수 있도록 해야 합니다.

제 │ 최근 법인세 인상이 논의되고 있는데요, 민주당은 500억 원 초과 과표 구간을 새로 만들어서 현행 22% 세율을 25%로 올리자고 하고, 통합진보당은 1,000억 원 초과 대기업을 대상으로 최고 세율을 22%에서 30%로 올리자고 합니다. 어떻게 생각하세요?

안 │ 우리나라의 법인세율 자체는 OECD 평균과 비슷한데 실효세율이 매우 낮습니다. 단계적으로 접근해서 실효세율을 높이는 노력을 우선 기울이고 그다음에 구간 조정을 검토하는 게 어떨까 합니다. 법인세 실효세율이 낮은 것은 각종 감면제도가 많기 때문인데 막대한 수익을 내고 있는 대기업들이 이런저런 명목으로 세금을 감면받을 수 있게 만든 제도들은 대폭 손질해야 합니다. 여러 가지 세제혜택들은 중소기업 및 중견기업을 주 대상으로 재편해야 하고요. 고용 창출에 별 성과가 없는 투자세액 공제제도를 없앤 것은 잘한 것 같고, 일자리 창출에 대한 인센티브를 현행 제도보다 더욱 강화해야 한다고 봅니다.

제 | 주식양도차익과세나 파생상품거래세 도입, 금융거래세 도입
등 금융부문에서 새로운 세목을 신설하는 방안에 대해서는 어
떻게 생각하시나요?

안 | 현재 주식 관련 세금이 거래세 위주로 되어 있는데 형평성에
맞지 않다고 생각합니다. 금융부문 역시 소득이 발생할 경우
과세하는 게 바람직하기 때문에 현재 '지분율 3%, 지분총액
100억 원 이상을 보유한 대주주'를 대상으로 부과하고 있는 주
식양도차익과세의 대상을 점진적으로 확대해야 한다고 생각
해요. 또 파생상품거래세나 단기외환유출입에 대한 토빈세(주
식이나 채권 투자 등을 위해 국경을 넘는 자금에 대해 환전이 일어날 때마
다 물리는 세금. 노벨상을 수상한 경제학자 제임스 토빈이 투기성 외환유
출입을 억제하기 위한 방안으로 제안했으며, 현재 브라질이 금융거래세라
는 이름으로 시행하고 있다) 역시 '소득 있는 곳에 세금 있다'는 원
칙에도 부합하고 투기자본의 급격한 유출입에 따른 금융시장
변동성을 낮출 수 있다는 점에서 도입하는 것이 바람직하다고
생각합니다. 다만 시장에 갑작스런 충격이 가지 않게 낮은 세
율에서 단계적으로 도입할 필요가 있겠죠.

제 ⏐ 복지국가를 만들기 위해서는 정부의 살림, 즉 재정 지출구조도 이에 걸맞게 개혁해야 하지 않을까요?

안 ⏐ 맞습니다. 우리나라는 사회간접자본(SOC) 투자 등 경제예산의 비중이 큰데, 대부분 토목건축에 쓰이는 이 재원들은 일본의 사례에서도 보듯 생산 및 고용유발 효과도 낮고 사회적 비효율을 초래하는 경우가 많습니다. 이제부터는 꼭 필요한 투자만 선별적으로 추진하고 경제예산의 상당부분을 복지재정으로 전환해야 한다고 생각해요. 또 대외적으로 보여주기 위한 행사와 겉치레 등 전시성, 낭비성 예산도 대폭 줄여야 하고요.

제 ⏐ 우리나라는 정부 행정이나 복지전달체계에 대한 신뢰도가 낮아서, '복지 예산이 줄줄 새는데, 세금을 더 낼 수 없다'는 저항심리도 작지 않은 것 같습니다. 정부 재정에 대한 신뢰성을 높이려면 어떻게 해야 할까요?

안 ⏐ 우선 복지전달체계가 개선되어야 하겠죠. 과연 필요한 곳에 제대로 지급되고 있는지 제대로 점검하고 개선해야 합니다. 현재 사회복지 서비스가 행정조직 중심, 즉 공급자 중심이라는 것, 기획은 중앙정부가 하고 집행은 시군구 기초자치단체가 하면서 손발이 맞지 않는 것 등이 문제라고 봐요. 혜택을 받는 사람, 즉 수급자 중심으로 더 나은 서비스를 제공하려면 좀 더 통합적이고 전문적인 전달체계가 구축돼야 한다고 생각합니다. 예를 들면 아동, 청소년, 장애인, 모자 등 가족 단위로 정보를 관리하고 필요한 서비스를 제공할 수 있도록 해야지요. 독일, 프랑스 등 선진국들이 복지전달체계 개선을 위해 많은 노력을 해왔는데 우리가 참고할 점이 많다고 생각합니다.

또 투명성 차원의 조치도 필요한데요, 우리나라는 기본적으로 서로 믿지 못하기 때문에 거래비용이 많잖아요. 정보기술을 활용해서 사생활보호 등을 위해 불가피한 부분은 빼고 나머지 행정 자료를 투명하게 공개하고 소통하면 많은 부분이 효율화되고 신뢰도가 높아질 수 있다고 봅니다. 예산 낭비를 감시하는 시민단체들이 이렇게 공개된 자료를 중심으로 열심히 활동해준다면 행정기관을 견제하는 효과도 클 것 같고요.

삼성 동물원과
LG 동물원을 넘어

제 │ 다음은 정의에 대한 얘기를 해볼까요. 지금 경제 정의의 맥락
　 에서 '경제 민주화'가 시대적 과제로 부상했고 여야 모두가 많
　 은 약속을 쏟아내고 있습니다. 하지만 모두가 같은 의미로 경
　 제 민주화를 말하는 것은 아닌 것 같습니다. 원장님은 경제 민
　 주화가 뭐라고 생각하시나요?

안 │ 정치 민주화가 정치권력의 독점, 곧 독재에 반대하고 국민 누
　 구나 민주적 권리를 누리는 것을 목표로 한다면 경제 민주화란
　 공정한 시장경제를 추구하는 것이라고 할 수 있겠습니다. 소수
　 가 특권을 가지고 시장을 독점하고 좌우하는 게 아니라 국민들
　 누구나 경제 주체로서 공정한 기회를 보장받는 것이죠.
　 앞서 정의에 대해 설명한 것과 같은 맥락에서 보면 경제 민주

화란 경제 영역에서 정의가 구현되는 것이라고도 할 수 있겠습니다. 정의라고 하면 우선은 모두가 같은 출발선에 설 수 있도록 공평한 기회를 주는 것이고 뒤처진 사람도 출발선에 나란히 설 수 있게 국가가 부축을 해주는 것이죠. 두 번째는 경쟁 과정에서 특권이나 반칙을 허용하지 않고 공정한 규칙이 지켜지도록 하는 것, 세 번째는 운이 나쁜 패자도 재기할 수 있도록 사회안전망을 갖춰주는 것이라고 할 수 있습니다.

제 | 그러면 왜 지금 우리 국민들이 경제 민주화가 절실하다고 생각하게 됐을까요?

안 | 경제 내부적으로는 양극화가 갈수록 심해지고 있고 대외적으로 글로벌 금융위기의 영향으로 경기가 나빠지니 각 경제 주체들의 고통이 워낙 커서 그렇다고 봅니다. 사실 전체적인 경제 수준으로 따지면 옛날보다 모두가 행복해야 하는데, 양극화로 인해 상대적 빈곤감이 더 심해진 것이죠. 재벌기업에 경제력이 집중되면서 중소기업, 자영업자, 노동자, 농민 등 상대적 약자들이 희망을 갖기 힘든 경제구조가 됐기 때문이라고 할 수 있습니다.

제 | 경제 민주화의 주요 과제 중 하나로 부각된 것이 재벌개혁입

니다. 원장님은 10여 년 전부터 꾸준히 재벌에 대해 문제 제기를 해왔는데요, 특별한 계기가 있었나요?

안 | 경제적인 불공정의 문제 때문에 많은 국민들이 힘들어하고 있는데, 근본 원인이 무엇일까를 고민하는 과정에서 재벌체제에 대한 문제의식이 싹텄다고 할 수 있습니다. 재벌이 지배력을 확대하고 불공정거래 관행으로 중소기업이 기회를 잃는 과정에서 청년들은 자신의 미래를 재벌기업에 걸 수밖에 없는 상황이 됐죠. 그래서 대기업에 입사하고 살아남기 위해 '스펙'을 쌓는 치열한 경쟁이 벌어지고요. 재벌체제는 교육, 청년문화, 일자리에 이르기까지 사회 모든 부분에 그늘을 만들었다고 봅니다.

그동안 재벌체제를 비판하면서 기업과 기업주를 구별하지 못하는 사람들 때문에 답답함도 많이 느꼈습니다. 불법적인 재산 빼돌리기를 하는 기업주의 탐욕을 비판하면 그것을 기업에 대한 비난으로 곡해하면서 '대기업이 우리 사회에 얼마나 많은 공헌을 했는데 그러느냐'고 공격하는 경우도 많았어요. 대기업 자체가 아니라 대기업의 의사결정 시스템이 문제라는 점을 역설했지만 합리적인 토론이 안 되는 경우도 있었죠.

제 | 그렇다면 경제 민주화를 이루기 위해 어떤 개혁이 필요할까요?

안 | 말씀드린 것처럼 경제 양극화의 정점에 재벌의 경제력 집중 문제가 있으니 재벌개혁을 통해 대기업의 특혜를 폐지하고 중소기업을 중점 육성하는 경제구조로 전환해야 합니다. 재벌개혁이 잘돼도 외국자본이 다 집어삼킬 가능성이 있으니 투기자본으로부터의 방화벽도 구축해야 하고요.

우선 시장의 거래 질서를 바로잡기 위해 공정거래위원회가 제 구실을 하게 만드는 등 행정 개혁이 시급합니다. 불공정거래 행위 등에 대한 전속고발권을 갖고 있는 공정위가 지금까지 제 역할을 못했는데, 본분을 다할 수 있도록 견제장치를 두는 방안을 진지하게 논의해야 한다고 봅니다. 정부가 지난 수십 년간 중소기업 육성을 내세웠지만 경쟁 질서를 해치는 독점 등 대기업의 횡포를 제대로 규제하지 못했죠.

또 재벌의 폐해가 커지는 과정에서 검찰과 법원이 '법치'를 바로 세우기 위한 역할을 제대로 못했으니 사법개혁도 필요하고, 노동자들이 열심히 일한 대가를 제대로 받을 수 있도록 노사개혁도 함께 이뤄야 하겠죠. 결국 우리 사회 전체가 동시에 개혁되어야 경제 민주화를 이룰 수 있다고 봅니다.

제 | 우리나라의 경제 양극화와 불공정한 경제시스템의 정점에 재벌의 경제력 집중이 있다고 하셨는데, 우리나라의 재벌체제, 구체적으로 무엇이, 왜 문제인가요?

안 | 우리나라 재벌들은 물론 자신들의 노력도 있었지만 국가적으로 많은 자원을 몰아주고, 노동자들이 희생했기 때문에 크게 성장할 수 있었죠. 가난한 집에서 맏이만 대학에 보내는 것처럼 다른 가족의 희생 위에서 출세한 셈이라고 할까요? 그런데 재벌들은 모든 걸 제 스스로 이룬 것처럼 행동하면서 이익을 독식하고 사회적 책임을 지지 않았죠.

특히 노동자, 협력기업 등 기업 이해관계자들을 배려하지 않고 편법상속, 내부거래 등으로 기업의 이익과 재산을 빼돌리는 일도 많지 않았습니까? 대주주나 그 자녀가 적은 종잣돈으로 회사를 만든 다음 계열사들의 '일감 몰아주기'로 급성장시켜서 재산과 경영권을 편법 상속하는 일도 흔했고요. 이 과정에서 경쟁 중소기업들이 억울하게 도산하는 경우도 많았고요. 또 재벌계열의 유통 대기업들이 기업형슈퍼마켓(SSM)을 확장하는 과정에서 얼마나 많은 골목 상점, 자영업자들이 타격을 입었습니까. 기업의 이익은 늘어도 비정규직 고용을 더욱 늘리는 등 노동자에겐 인색했고요.

사회적으로는 정당하지 못한 행위를 무마하기 위해서 정치권과 법조계, 언론 등에 부적절한 방법으로 영향력을 미쳤고, 이것이 우리 사회의 부패를 심화시키는 한 원인이 됐죠. 바로 이런 점들 때문에 그동안 재벌기업들이 적지 않은 공을 세웠으면서도 온전한 존경을 받지 못하고 있다고 생각합니다.

제 | 원장님은 재벌의 횡포를 지적하면서 '삼성동물원', 'LG동물원' 등의 비유를 자주 했습니다. 정확히 어떤 의미로 쓴 것인지요?

안 | 우리나라에서는 기업들의 창업도 잘 일어나지 않지만, 창업 이후의 성공률이 떨어지는데요, 그건 대기업과 중소기업의 불공정거래 관행 때문입니다. 대기업과 협력 중소기업이 사업 파트너로 잘 성장해야 바람직한 생태계를 형성할 수 있는데, 우리나라 재벌기업들은 오히려 기술이 있는 중소기업들을 대상으로 독점계약을 맺습니다. '우리에게만 납품하고 다른 데는 끊어라' 하는 것이죠. 그리고 시간이 갈수록 거래 중소기업의 회계장부까지 열람하면서 단가를 후려칩니다. 중소기업은 계약에 묶여 있다 보니 어쩔 수 없이 이런 횡포를 수용할 수밖에 없고요. 그러면 지속적인 연구개발(R&D)이나 인재 채용의 여력이 생길 수가 없습니다. 기술 개발은 꿈도 꾸기 어렵고 인력 파견업체밖에 되지 않는 것이죠.

우리나라 내수시장이 작다고 하는데 사실은 IT 분야에서는 세계 12, 13위 규모의 시장이 됩니다. 그런데도 작게 느껴지는 이유가 동물원에 갇혔기 때문이에요. 한 그룹에만 납품하기 때문에 독점에 묶여서 독일의 강소기업과 같은 '히든챔피언' (대중적으로는 잘 알려져 있지 않지만 각 분야의 세계시장을 지배하는 우량기업)으로 클 수가 없습니다.

제 ⎮ 이런 얘기는 실제 체험에서 우러나온 것인가요, 아니면 주위에서 목격하거나 들은 얘깁니까?

안 ⎮ 제가 직접 피해를 당하진 않았지만 제가 많이 목격하고 주위 사람들로부터도 자주 들었습니다. 저는 제 밥그릇과 연결된 얘기, 제 밥그릇을 지키기 위한 얘기는 잘 하지 않습니다. 저 자신의 이해타산과 무관할 때, 혹은 제가 손해를 볼 수도 있는 상황에서 발언합니다. 지난 2000년 무렵 벤처 열풍이 한창일 때 "벤처기업의 90%는 망한다"고 경고했던 것도 그런 맥락이고요. 동물원 얘기도 그런 처지에 빠진 다른 기업을 대신해서 발언했던 것이죠. 물론 이런 발언 때문에 손해도 봤습니다.

우리나라 대기업들은 스스로를 위해서도 공생하는 파트너의 경쟁력을 키워야 합니다. 세계적인 기업 혁신의 90%가 중소기업에서 나옵니다. 산업생태계를 통해 믿을 만한, 경쟁력 있는 중소기업들이 쑥쑥 성장해야 대기업들도 더욱 발전할 수 있어요.

제 ⎮ 동물원 발언은 재벌들의 심기를 불편하게 했을 텐데요, 아까 손해도 봤다고 하셨는데 어떤 불이익을 받았나요?

안 ⎮ 꽤 있었죠. (웃음) 여기서 굳이 그런 걸 다 말할 필요는 없을 것 같아요. 다만 제가 받은 불이익의 문제도 한 조직에서 리더의 철학이 잘못됐을 때 조직 하부에서 지레짐작 또는 과잉 충성으로 문제를 증폭시킨 현상 중의 하나라고 이해합니다. 그래서 어느 조직이든 리더의 철학이 중요하다고 생각해요.

제 | 그렇다면 재벌개혁의 해법은 어디서 찾아야 할까요?

안 | 재벌개혁이라는 말이 여러 정부를 거치면서 구호에만 머물다 보니 허공에 외치는 함성 같은 느낌이 들어요. 이제는 정말 현실적인 대안이 추진되어야 하는데요, 재벌 외부와 내부의 두 가지 방향에서 접근하되, 재벌의 확장과 이에 따른 시장 왜곡을 바로잡는 데 집중해야 한다고 생각합니다.

외부로부터의 접근은 첫째, 재벌의 부당 내부거래와 같은 불공정한 거래, 편법상속과 증여, 중소기업의 기술 인력 빼가기 등 모든 위법행위를 철저히 막는 것이죠. 세계무역질서를 위반하지 않는 범위에서 공정거래법을 강화하고 철저히 감시, 처벌하는 것입니다. 그 과정에서 징벌적 배상제, 내부고발자 보호 및 포상 등을 고려할 수 있을 것 같고요.

두 번째는 재벌기업들의 독점과 담합 등으로 피해를 보는 소비자에 대해 철저히 보상하도록 제도를 강화하는 것입니다. 소비자는 생산, 유통, 애프터서비스(AS)뿐만 아니라 정보 등에서도 선택권을 제약받고 있는 만큼 재벌기업이 입증의 책임이나 정보공개 의무 등 더 많은 책임을 부담하도록 하는 것입니다. 이것은 재벌기업의 글로벌 경쟁력 강화를 위해서도 필요한 일이라고 봅니다.

세 번째로는 정부의 공공구매, 국책연구소의 R&D 지원, 금융자본의 벤처투자 지원, 창업보육 활동 등 중소·중견기업을 집중 지원하는 정책을 추진해야겠죠. 이제 대기업은 공정한 규칙에 따라 '페어플레이'를 하도록 감시하면서 중소·중견기업들에 대해서는 다양한 지원을 통해 성장할 수 있도록 육성해 나가야 합니다.

제 ㅣ 재벌 외부에서의 개혁을 말씀하셨는데, 내부적 접근은 어떤 것인가요?

안 ㅣ 내부적으로는 우선 지나친 주주 중심주의에서 이해관계자 중심주의로 전환이 이루어져야겠죠. 우리나라만의 문제는 아닌데요, 최근 각국 기업들이 주주 중심주의라는 고립된 개념 아래 사회성과 공익성에 대한 인식이 희박해지면서 국가, 노동자, 소비자, 지역주민 등 이해당사자들의 이익을 외면하는 경향이 커졌습니다. 특히 기업의 성과를 노동자들과 제대로 나누지 않는 경향이 강한데, 노동자는 곧 소비자이기도 하지 않습니까? 최근 우리 경제가 소비 부진으로 내수 침체를 겪고 있는 것도 이와 무관하지 않아요. 주주의 이익을 무한정 늘리는 것보다 노동자들에게 적절한 분배와 보상을 해줘서 구매력을 키우는 것이 결국 내수시장 활성화를 가져와 기업들에게도 도움이 된다는 것을 알아야 합니다.

둘째, 제가 안연구소를 경영할 때 늘 고민하던 문제인데, 기업의 지배구조 개선이 필요하죠. 그러려면 이사회의 구성이 투명하게 이루어져야 하고 이사회 의장과 최고경영자(CEO)의 역할이 구분돼야 하며, 경영진에 대한 보상과 감시가 제대로 돼야 합니다. 즉 이사회 구성과 조직 운영에서 노동자 등 다양한 이해관계자의 이익이 반영될 수 있어야 합니다.

셋째, 정부는 불공정행위에 대한 감시자의 역할과 더불어 이들 이해관계자의 중재 역할을 해야 합니다. 기업이 일방적으로 주주의 이익을 극대화하는 데 치우치지 않고 이해관계자들의 이익을 균형 있게 반영할 수 있는 내부체제를 만들도록 유도해야 해요.

제 | 일부에서는 '재벌 해체'를 주장합니다. 재벌계열사들이 뭉쳐 선단식 경영을 하지 못하도록 하고, 개별기업 체제로 가도록 유도해야 한다는 뜻으로 보입니다. 반면 재벌의 장점을 살리도록 놔둬야 한다는 주장도 있는데요. 어떤 방향이 맞을까요?

안 | 재벌그룹은 사실 현행 법규상 초법적인 존재죠. 현행법에는 재벌체제에 대한 규정이 없고 주주중심의 개별회사만이 존재할 수 있거든요. 그래서 '기업집단법'을 만들어 제대로 규제하자는 논의가 있죠. 저도 지금처럼 어정쩡하게 놔두지 말고 기업집단법을 만들어 재벌체제의 경쟁력은 살리되 단점과 폐해를 최소화하도록 유도하는 것이 옳다고 봅니다. 예를 들어서 내부거래 및 편법상속에 대해서는 단호하게 대처해나가야겠지요.

반면 과도하게 근본적인 접근으로는 세상을 바꾸기 어렵다고 생각합니다. 점진적인 변화가 실제로 세상을 바꿀 수 있다고 믿어요.

제 | 정치권에서 논의되는 구체적인 재벌개혁 정책들에 대해서는 어떻게 생각하시나요? 경제력 집중 억제를 위한 순환출자금지, 출자총액제한부활, 금산분리강화 등이 거론되고 있는데요.

안 | 대체로 필요하다고 생각합니다. 저는 시장만능주의를 경계하는데요, 시장만능주의에 빠지면 탐욕을 통제하기 어렵다고 봅니다. 규제를 줄이는 것은 좋지만 감시는 강화해야 하고, 시장이 정글이 되게 방치해서는 안 된다고 생각합니다. 금산분리 (재벌 등 산업자본이 은행을 지배하지 못하도록 하는 규제)의 경우 반드

시 강화해야 한다고 생각합니다. 기업의 선의를 그냥 믿기는 어렵기 때문입니다. 우리나라 상황에서는 산업자본이 은행을 지배하게 놔두면 더 많은 부작용이 생길 수 있습니다. 또 가공자본을 만드는 순환출자(여러 기업이 꼬리에 꼬리를 무는 모양으로 서로 투자해서 대주주가 적은 지분을 갖고도 계열사 전체를 지배할 수 있게 하는 것)를 없애는 방향이 맞고요, 유예기간을 주되 단호하게 철폐해야 한다고 봅니다. 출자총액제한제(기업이 다른 회사에 출자할 수 있는 한도를 순자산의 일정비율 이내로 제한해서 경제력 집중을 억제하는 제도)는 정권에 따라 없앴다 부활했다 하는데, 그렇게 쉽게 바뀔 수 있는 것 말고 일관성을 가질 수 있는 방안을 좀 더 연구해볼 필요가 있지 않나 생각합니다.

제 | 이명박 정부 내내 대기업과 중소기업의 동반성장이 강조됐는데, 사실 피부에 와닿는 변화는 없었다는 평가가 지배적입니다. 대기업과 중소기업이 동반성장을 하지 못하면 우리 경제의 지속적인 발전도 기대하기 어렵지 않을까요?

안 | 그렇습니다. 우선 국가경제 차원에서 벤처기업이나 중소기업은 경제의 '포트폴리오' 의미가 있는 것 같습니다. 주식을 분산투자해야 안전한 것처럼 국가경제도 대기업에만 의존하면 특정한 위험에 취약할 수 있죠. 대기업과 함께 탄탄한 중소기

업과 벤처기업들이 육성된다면 이 두 축이 국가경제의 리스크를 낮추고 안정성을 높여줄 것입니다.

두 번째로 일자리 창출을 위해 중요하죠. 대기업의 일자리 창출은 이제 한계를 드러냈습니다. 1997년 외환위기 이후에 대기업들이 글로벌 기업으로 더 성장했음에도 불구하고 일자리는 줄었죠. 해외로 공장을 이전하고 최대한 고용의 효율을 갖춰야 글로벌 경쟁력을 유지한다고 생각하기 때문입니다. 그러다 보니 대기업 고용은 200만 명을 넘지 못하고 있고요. 5천만 국민 중 대기업에 종사할 수 있는 사람은 200만 명밖에 없고 대기업 임직원과 공무원 등을 제외한 나머지 2천만 명 이상의 일자리는 전부 중소기업 또는 벤처기업에서 나올 수밖에 없는 것이죠.

세 번째로는 중소기업이 잘 발전하고 혁신해야 대기업도 함께 성장할 수 있다는 것입니다. 경쟁력 있는 중소기업이나 벤처기업 파트너들은 대기업에 지속적으로 새로운 아이디어들을 제공해주고 그래서 대기업 자체가 경쟁력을 갖출 수 있게 됩니다. 구글 같은 실리콘밸리 회사들이 대표적인 예인데요, 구글 때문에 실리콘밸리에서 새로운 벤처기업들이 굉장히 많이 생겨났습니다. 이들이 구글의 우산 아래에서 자라면서 새로운 가치나 창조적인 아이디어들을 구글에 제공하죠. 그러니까 구글 자체가 아무리 혁신능력이 떨어져도 새로운 업체들로부터 아이디어를 공급받는 길이 열려 있으니 경쟁력을 유지할 수 있는 겁니다. 이처럼 중소기업, 벤처기업을 키우는 것은 대기업을 위해서도, 국가경제 전체를 위해서도 너무나 중요한 일입니다.

제 | 그렇다면 대기업과 중소기업의 관계를 정상화하고 동반성장을 이루기 위해 어떤 노력이 필요할까요?

안 | 대기업과 중소기업, 그리고 공공의 몫으로 나누어 생각할 수 있겠는데요. 우선 대기업은 기업의 사회적 책무(CSR: Corporate Social Responsibility)에 대해 생각해야 합니다. 이제는 우리 대기업도 사회와 국가에 제 몫을 해야 한다는 것이죠. 불공정 거래 관행을 국가도 감시해야 하지만 대기업도 자기 임직원의 행태를 내부적으로 감시해야 해요. 지금까지는 임직원들이 납품가격을 얼마나 잘 후려치는지 평가했다면 앞으로는 인사관리시스템을 개혁해서 중소기업과의 동반성장 노력이 고과에 반영될 수 있도록 해야 해요.

중소기업 입장에서도 노력이 필요한데요, 중소기업끼리의 과당경쟁 문제도 심각합니다. 경쟁력이 없는 한계기업, 즉 '좀비기업'이 퇴출되지 않고 덤핑에 나서면서 경쟁적인 덤핑으로 가격구조가 와해돼 모두가 손해를 보는 일이 많아요. 국가에서 기계적으로 지원하는 자금이 경쟁력을 망치는 요소가 되기도 하고요. 업계 전체적인 합의 속에 거래 질서를 바로잡는 노력을 해야 합니다. 중소기업 내부의 구조조정도 필요하고요. 또 중소기업 경영자들이 실력을 기르기 위해 치열하게 공부해야 합니다. 이와 관련해서 대기업에서 많은 경험을 쌓은 유능한 경영자들이 은퇴 후 중소기업 경영자를 멘토링해서 지식과 경험을 지원할 수 있도록 하는 제도도 활성화됐으면 좋겠습니다. 정부는 불공정거래 관행을 단호히 뿌리뽑아야 합니다. 공정위의 전속고발권을 재검토하는 등 감독시스템을 강화해야 하고, 연구개발예산이 투명하게 집행되도록 관리를 강화해야 합니다. 우리나라에서 창업이 어려운 이유 중 하나가 대표이사 연대보증제 때문에 실패한 기업인의 재기가 어렵게 돼 있기 때문인데요, 실패의 경험이 사회적 자산으로 활용될 수 있도록 금융제도도 개선해야 합니다.

대학은 산학협동을 활성화해야 합니다. 세계적으로 산학협동이 잘 이루어지지 않는 나라 중의 하나가 한국인데요, 교수들이 연구업적만 신경쓸 게 아니라 기업들과 역할 분담이 되어야 합니다. 전문대학을 미국의 커뮤니티칼리지 같은 평생교육기관으로 전환해서 직업교육, 재교육 등 사회교육을 활성화하는 노력도 필요하고요.

제 ｜ 대기업들에 대해 기업의 사회책임(CSR)을 다하도록 요구해야 한다고 하셨는데, 좀 더 구체적으로 설명해주시면 좋겠네요.

안 ｜ 기업이 주주의 이익만 아니라 환경과 사회에 대한 책임을 다해야 한다는 얘기죠. 주주뿐 아니라 기업을 둘러싼 이해관계자, 특히 종업원의 권익을 비정규직까지 포함해서 보호해야 합니다. 기업의 단기적 이익이 조금 줄더라도 비정규직에 대한 차별을 철폐해야 해요. 또 고용을 좀 더 늘릴 수 있는 방향으로 기업을 경영해야 하고요.

외부적으로 보면 대형마트들이 중소상인들의 상권을 침해하는 경우가 많은데 이 부분은 법률규제 이야기가 나오기 전에 지역사회에 미치는 영향을 기업이 스스로 생각해서 자제했어야 할 문제였죠. 좀 더 나가면 중소협력업체들과 공정한 거래 관계를 유지해야 하고 전체 시민을 위한 공헌도 생각해야죠. 그런데 이 모든 게 장기적으로 대기업에게 이익을 가져다준다는 사실을 알아야 합니다. 사회책임경영에 앞장선 기업들의 수익률이 그렇지 않은 기업들에 비해 더 높다는 연구결과도 있고요. 소비자들도 사회적 책임을 다하는 기업을 더 선호하고, 금융투자도 사회책임경영에 모범적인 기업을 우대하는 추세가 나타나고 있거든요.

제 ┃ 원장님께서 기업을 직접 경영했을 당시에는 사회책임과 관련해서 어떤 노력을 하셨나요?

안 ┃ 안철수연구소를 창업했을 때, 저는 기업의 의미가 '혼자서는 할 수 없는 의미 있는 일을 여러 사람이 모여 함께 이뤄가는 것'이라고 생각했어요. 그리고 흔히들 말하는 '기업의 목적은 수익 창출'이라는 명제에도 의문을 가졌죠. 기업은 고객으로부터 가치를 인정받을 수 있는 물건이나 서비스를 만든 다음 그것을 판매하는 조직이며, 수익은 그 결과라고 생각했죠. 수익보다 가치 창출을 통해 사회에 도움이 되는 조직이어야 한다고 본 것이죠.

이후 10년 동안 저는 세 가지 목표를 이루기 위해 노력했습니다. 먼저 한국에서도 소프트웨어 사업으로 자리를 잡을 수 있다는 워킹모델을 만드는 것이고요, 두 번째로 한국의 경제구조에서도 정직하게 사업을 해서 자리를 잡을 수 있다는 윤리경영, 투명경영의 모델이 되는 것이죠. 마지막으로 공익과 이윤 추구가 서로 상반된 것이 아니라 공존할 수 있다는 것을 보여주고 싶었어요. 지금까지 안연구소는 직원 등 이해관계자를 존중하는 경영, 투명하고 법을 지키는 경영, 사회에 공헌하는 경영 등을 통해 이런 목적을 이뤘다고 자부하는데요, 이런 정신이 보다 많은 기업들과 공유되었으면 하는 바람이 있습니다.

제 | 우리 경제계에도 여러 해 전부터 사회책임경영이 유행처럼 거론됐지만 현실적인 진전은 없는 느낌인데요, 대기업들의 사회책임경영을 어떻게 유도할 수 있을까요?

안 | 예를 들면 우리나라 고유의 CSR 지수를 만들어서 국민연금 등 기관이 투자할 때 고려하도록 하는 방안이 있겠죠. CSR 평가가 우수하면 투자 가치가 높아지도록 말이죠. 정부 차원에서 CSR 우수기업에게 세제 등 여러 가지 혜택을 주는 방안도 추진할 수 있을 것입니다. 지금 정부는 대기업이 잘돼야 경제가 산다는 낙수효과(trickle down effect)를 기대하면서 대기업들에 세제 등 다양한 혜택을 주고 있는데요, 앞으로는 좋은 일자리를 얼마나 만드는지, 중소기업과 얼마나 공정하게 거래하는지 등 책임경영을 할 경우에만 지원하도록 전반적인 방향을 바꿔야 합니다. 물론 이런 평가를 하는 기관은 특정 이해단체나 정파에 좌지우지되지 않는, 신뢰성 있는 기관이어야 하겠죠.

제 | 우리나라 재계를 대표하는 단체가 전국경제인연합회, 즉 전경련인데요, 경제 민주화를 둘러싼 논쟁 과정에서 '재벌을 대변하는 전경련을 해체해야 한다'는 목소리도 나오고 있습니다. 어떻게 생각하세요?

안 ｜ 미국 유학시절에 실리콘밸리의 대표적인 글로벌기업 CEO들이 모여서 회의를 한다는 소식을 듣고, 무슨 얘기들을 하나 궁금해서 다음 날 지역신문을 찾아 읽은 적이 있어요. 흥미로웠던 점은 CEO들이 자신들을 위해 정부에 뭔가 해달라고 요구한 게 없었다는 겁니다. 대신 교통량이 증가하면서 도로가 정체되는 일이 많은데 이에 대한 해결책은 무엇인지, 경쟁력 유지를 위한 인재 영입을 위해서 이민비자 제도가 어떻게 개선되는 것이 좋은지, 의료비용 때문에 지역의 장기적 경쟁력이 떨어지고 있는데 기업들이 어떤 대안을 마련하면 좋은지 등 지역사회에 보탬이 될 수 있는 내용이 주류였어요. 참 부러웠죠. 우리나라의 전경련도 이제는 장기적 관점에서 대한민국의 경쟁력을 강화하고 국격에 맞는 행복한 공동체를 만들기 위해서 대기업들이 할 수 있는 일을 고민하는 단체로 거듭나면 좋겠습니다. 물론 미국 내에도 특정 산업이나 기업 전반의 이익을 대변하는 단체들이 있죠. 하지만 대기업 집단, 즉 최상위 기업들이 자신들의 이익을 위해 단체를 만드는 경우는 없어요. 일본이 예외적인데, 일본도 지금은 달라지고 있거든요. 우리는 일본을 따라 전경련을 만들었고 이런 단체가 개발시대에 일정한 역할을 한 것이 사실이지만, 지금은 단순한 이익단체에서 벗어나 새로운 역할을 고민할 시점이 아닌가 생각합니다. 자기 회사에 노동조합조차 허용하지 않는 기업이 '재벌조합' 격인 전경련에 속해 활동하는 것은 납득하기 힘듭니다. 전경련이 앞서 말한 실리콘밸리의 기업인 모임처럼 공동체의 이익에 기여한다면 '해체' 얘기도 안 나올 것이고 우리나라 재벌에 대한 인식도 달라질 수 있을 것입니다.

제 | 원장님은 일자리를 만들기 위해 중견기업을 육성하는 정책도 중요하다고 말씀하셨는데, 중견기업은 어느 정도의 기업을 의미하며 중견기업을 육성하기 위해 현실적으로 필요한 제도와 정책은 무엇일까요?

안 | 여러 기준이 있지만 대체로 종업원 수가 300명이 넘거나 자산규모 1,000억 원 이상이면 우리나라에서 대기업이라고 하는데요, 중소기업이 성장해서 이 기준을 넘기면 세제 등 여러 차원의 혜택이 한꺼번에 없어집니다. 대기업 기준을 겨우 넘는 기업들은 사실 중소기업에 가까운데 갑자기 이런 혜택이 없어지다 보니 일부러 기업을 키우지 않거나 기업을 쪼개는 경우도 볼 수 있습니다. 이런 기업들이 일자리 창출의 주역인데도 말이에요. 그래서 중간 규모의 기업들을 중견기업으로 지정해서 적극적으로 지원하면 좋을 것 같습니다. 이런 기업들은 질 좋은 일자리를 만들 수 있는 여력이 많기 때문에 고용창출투자세액공제 제도를 더욱 적극적으로 적용해 혜택을 주고, 이미

말씀드린 것처럼 우리나라 국책연구소들을 중견기업 중심의 R&D 기지로 바꿀 수 있다면 좋을 것입니다. 대기업의 불공정 거래 관행에 대한 감시도 강화해야 하고요. 그러면 우리나라 에서도 독일의 '히든챔피언' 같은 강소기업들이 나와서 세계 적으로 해당 분야 최고의 경쟁력을 가진 기업으로 성장할 수 있을 것입니다.

제 । 세계적인 IT 창업 열기에도 불구하고 우리나라만 소외되고 있다는 말씀을 여러 자리에서 하셨는데요, 우리나라에서 창업이 활성화되지 못한 이유가 뭔가요?

안 । 무엇보다 창업 기업들의 성공확률이 낮고, 일단 실패하면 다시 재기하기 힘들기 때문입니다. 중소기업들의 성공 확률이 낮은 이유는 크게 세 가지 정도가 있을 거예요. 우선 당사자인 창업자, 경영자들의 지식과 경험이 부족하고, 중소기업을 지원하는 산업 인프라가 부실하고, 중소기업끼리의 과당 경쟁과 대기업의 불공정거래 관행이 중소기업을 짓누르기 때문이죠. 이 중에서 경영자의 실력, 중소기업 간의 과당경쟁, 대기업의 불공정거래 관행에 대해서는 설명을 더할 필요가 없겠고, 기업지원 인프라만 살펴볼까요. 기업지원 인프라라고 하면 인력을 공급하는 대학, 자금을 대출해주는 금융권, 투자를 하는 벤처캐피털, 기업서비스를 제공하는 아웃소싱 산업, 정부의 제도 등이 있겠죠. 이들이 각자의 역할을 잘한다면 중소기업 입장에서는 핵심 역량에만 집중하고 나머지는 모두 맡기면 되니 성공 확률을 높일 수 있죠. 하지만 믿고 맡길 곳이 없다 보니 직접 모든 일을 해야 하고 전력이 분산돼 성공 확률이 떨어지는 것입니다.

다음으로 창업기업이 실패한 후 재기가 힘든 가장 큰 이유는 위험도가 높은 창업 초기에 투자를 받지 못하고 빚을 얻어서 기업을 꾸려가기 때문이에요. 빚을 얻을 때 담보로 제공할 자산이 없다 보니 대표이사가 연대보증을 서게 되고, 기업이 망하면 기업의 빚이 모두 대표이사 개인의 빚이 되면서 신용불량자가 되어버립니다.

그러면 창업 초기에 투자가 부진한 이유는 무엇일까요? 투자자가 자금을 회수하기 힘들기 때문이죠. 그럼 왜 자금을 회수하기 힘들까요? 선진국에서는 투자 자금 회수의 90%가 인수합병을 통해서, 나머지 10% 정도만 주식시장 상장을 통해 이루어지는데, 우리나라에서는 인수합병 시장이 작아 주식시장 상장에만 의존하기 때문입니다. 그럼 왜 인수합병 시장이 작을까요? 인수합병의 여력이 있는 대기업 입장에서는 중소기업을 인수합병하기보다는 독점계약을 통해 싼값에 일을 시키거나 핵심 인력을 빼오는 것이 비용이 훨씬 덜 들기 때문이죠. 따라서 여기서도 대기업의 불공정거래 관행이 투자 부진으로 이어지고, 빚을 얻어 경영할 수밖에 없다 보니 실패하면 재기가 힘들어지고, 그러다 보니 창업에 도전하는 사람이 없어져서 국가경제 전체의 활력이 떨어지는 악순환의 고리에 빠지게 되는 것입니다.

제 │ 그러면 창업 활성화를 위해서 어떤 대책이 필요할까요?

안 │ 우선 벤처 경영자들의 실력을 보완할 수 있는 교육, 멘토링 체계가 필요하겠죠. 실리콘밸리의 '와이(Y)컴비네이터'와 같은 형태가 모델이 될 수 있을 것 같습니다. 벤처 캐피털도 활성화되어야 하는데요. 바람직한 벤처 캐피털리스트의 요건은 해당 분야에 대한 전문지식이 있고, 경영자로서의 경험이 있으며, 투자분야에 대한 인맥, 휴먼 네트워크가 있는 사람입니다. 그래야 투자한 회사에 제대로 시장의 흐름과 경영에 대한 조언을 해주고 사람들을 소개해줘 성공 확률을 높일 수 있거든요. 그런데 금융권 경험만 있는 분들은 기술을 모르고, 경영도 모르고, 해당 분야에 인맥이 없는 경우가 많습니다. 벤처 캐피털 업계도 예전에 비해서 많이 나아진 편이지만 지금보다 더 발전해야 벤처산업에 실질적인 도움을 줄 수 있을 것 같아요. 대기업 출신이나 창업 경험이 있는 사람들이 이 분야에 많이 참여할 필요가 있습니다.

또 벤처를 지원하는 인프라도 필요한데, 고객지원센터 등 다양한 아웃소싱 산업이 발전해야 합니다. 이 부분은 서비스산업 선진화 관점에서 함께 추진하는 것도 좋겠습니다. 아웃소싱 인프라가 잘 마련되면 벤처기업들이 비용 경쟁력을 올리고 핵심 분야에 집중할 수 있기 때문에 성공 확률을 높일 수 있을 거예요.

이런 것들 외에도, 실패해도 재기할 수 있도록 대표이사 연대보증제 등 제도를 개선하고 실패기업인 재도전 프로그램도 활성화할 필요가 있습니다. 이미 지적한 인수합병 활성화와 불공정거래 감시도 중요하고요.

제 ┃ 전에 이명박 대통령이 "우리나라에는 왜 닌텐도 같은 회사가 나오지 않나" 하고 말해서 논란이 된 일이 있는데 비판의 핵심은 뭔가요?

안 ┃ 지금은 회사 사정이 좀 어려워지긴 했습니다만, 일본의 닌텐도가 성공했던 이유를 세 가지 정도로 정리할 수 있습니다. 첫째, 다양한 게임소프트웨어가 돌아갈 수 있는 게임기를 개발한 것이지요. 즉, 플랫폼을 장악한 것입니다. 둘째, 소프트산업 발전이 토대가 되었기 때문입니다. 일본에서는 소프트웨어 산

업이 발전하다 보니 다양한 회사들이 존재하고 우수한 프로그
래머들이 양산돼 좋은 게임소프트웨어를 만들 수 있었습니다.
반면 우리나라는 소프트산업 환경이 열악해서 PC 또는 게임기
기반의 게임 산업이 발전하기 어렵습니다. 불법복제 환경이
소프트웨어 산업을 어렵게 만들고, 대기업의 불공정거래 관행
이 어려움을 가중시키고 있죠.

셋째, 닌텐도가 게임기의 소프트웨어를 자신들만 독점적으로
만든 것이 아니라, 누구나 소프트웨어를 만들 수 있도록 생태
계를 조성했다는 점입니다. 파트너 회사들에게 독점권을 강요
하지 않았고요. 우리나라 대기업이었다면 당연히 '우리 소프
트웨어만 만들라'고 강요했겠지요. 따라서 우리나라에서 닌텐
도 같은 회사가 나오지 않는다고 탓하기 이전에, 산업구조를
먼저 살펴보고 소프트웨어 산업이 발전하고 공정한 시장이 형
성될 수 있도록 여건을 만드는 노력이 필요한 것입니다.

제 | 경제 정의를 말하다 보면 우리나라 대표적 재벌들의 편법상속
증여와 후계자 세습 등의 논란을 비켜가기 어려운데요, 어떻
게 생각하십니까?

안 | 정당하게 세금을 내면서 상속하는 것이라면 떳떳하겠죠. 하지
만 현실은 불행하게도 그렇지 못했고요. 법에 있는 상속증여

세 완전포괄주의(세법의 허점을 뚫고 세금을 회피하는 일이 없도록 법에 열거되지 않더라도 '사실상 상속·증여'가 발생하면 적극적으로 세금을 부과할 수 있도록 하는 제도)를 적극적으로 적용해서 합당한 세금을 내도록 해야 합니다. 또 과거 기업환경에서는 오너 가족의 후계 세습을 당연시했지만 지금은 투자자들의 눈치를 보는 분위기도 있는 것 같은데요, 시장의 압력을 최대한 활용할 필요도 있는 것 같습니다. 부적절한 사람이 경영자가 되면 주가가 폭락할 수 있으니까요. 최소한 퍼블릭컴퍼니(공개된 회사)는 사유재산이 아니라 공공의 재산이므로 최고경영자 선임과정의 투명성 요건도 강화해야 한다고 봅니다. 은행의 경우 금융관련 범죄자가 CEO가 될 수 없지 않나요? 상장기업도 CEO의 자격 요건을 강화할 필요가 있다고 봅니다.

제 | 우리나라 재벌들은 비자금 사건, 노동조합 탄압과 가족 간 재산분쟁 등 놀라운 사건을 연속적으로 만들어내고 있습니다. 그러나 '무소불위', '안하무인'의 권력이라고 할 만큼 사법적 단죄를 피해가고 있죠. 정치, 사법, 언론에 대한 영향력도 크고요. 우리나라가 '재벌공화국'이라는 오명에서 벗어나려면 어떻게 해야 할까요?

안 | 기업과 기업주는 분리해서 생각해야 한다고 보는데요, 우리나

라 대기업 중에는 좋은 기업들도 많습니다. 성장에 기여하고 고용을 창출하는 순기능을 하고 있을 뿐 아니라, 해외에 나가면 우리가 생각하는 것 이상으로 인지도가 높아 자부심을 갖게 하죠. 하지만 기업주가 전횡을 일삼거나 주주일가의 사적 이익을 추구한다면 그건 범죄가 되겠죠. 이런 행위가 법률과 제도적으로는 처벌 대상이 되는데 지금까지 행정, 사법부가 입법 취지대로 집행하지 않은 게 문제라고 봅니다. 이런 것이 '무전유죄, 유전무죄'라는 법치에 대한 불신과 우리 사회가 정말 불공정하다는 절망감을 낳았다고 생각해요. 이제는 법이 가진 자들만 편들지 않고 누구에게든 공정하게 적용된다는 정의를 회복해야 합니다. 그것이 우리 사회에 뿌리 깊은 절망과 분노를 희망으로 바꿀 수 있는 조건의 하나죠. 기업의 사회적 책무에는 법을 존중하는 '준법경영'이 포함돼 있어요. 기업들은 주주뿐 아니라 사회 전체와 환경까지 생각하며 경영하라는 요구를 받고 있고요. 국가는 입법 취지대로 법을 집행해야 하고, 기업은 사회적 책임을 다하겠다는 자세를 가져야 합니다.

제 | 재벌의 불법과 비리가 제대로 규제되거나 처벌되지 못하는 현실을 보면서 재벌개혁이 제대로 이루어지려면 말씀하신 것처럼 행정부는 물론이고 경찰, 검찰, 사법부가 제자리를 찾아야 한다는 지적이 많습니다. 경제범죄에 대한 사법처리가 너무

온정적이라는 지적도 있고요.

안 | 경제범죄에 대해 사법적 단죄가 엄정하지 못하다는 지적에 동의합니다. 예를 들면 우리나라는 선진국과 비교해서 대부분의 범죄율은 낮은 편인데 유독 많은 범죄가 사기범죄입니다. 그리고 질병의 경우 대부분은 선진국과 비슷한 수준인데 유독 많이 발생하는 것이 식중독이죠. 이것은 나의 경제적 이익을 위해 타인을 희생시키는 일이 많다는 뜻인데, 그 이유 중 하나가 처벌이 약해서입니다.

이 둘의 공통점은 '신뢰'에 관한 것인데요, 신뢰를 손상시키는 이런 범죄, 머니게임과 화이트칼라 범죄 등에 대해 처벌을 강화해야 한다고 생각합니다. 처벌 수준을 아주 많이 높이고 징벌적인 배상제를 도입해야 합니다. 머니게임하는 사람들의 심리를 보면 그들은 경제학적으로 판단한다는 것을 알 수 있습니다. 범죄를 통해서 얼마를 벌 수 있는지 계산하는 한편, 또 한쪽에는 잡힐 확률, 잡혔을 때 잃을 수 있는 비용을 동시에 판단하고 범죄를 결행하죠. 그런데 우리나라의 경우 잡힐 확률도 낮고 배상도 적어서 '잡히더라도 3, 4년만 징역을 살면 평생 먹을 돈이 생긴다'고 생각하고 범죄를 저지르는 경우도 있습니다. 이를 해결하기 위해서는 잡힐 확률을 높이거나 배상금을 훨씬 높여야 합니다. 그런데 그 둘 중 잡힐 확률을 높이는 것은 현실적으로 쉽지 않으니, 범죄행위를 통해서 벌 수 있는 돈보다 배상액이 훨씬 크도록 제도를 보완해야 합니다. 머니 게임의 경우 전문성 때문에 잡기가 특히 어려운데, 한번 잡혔을 때 범죄수익보다 몇 배 큰 배상을 하도록 만들어야 해요. 그래야 범죄자들에게 견제효과가 생깁니다. 또 높은 지위에 있는 사람들이 범죄를 저질렀을 때 가벼운 형을 선고하고 쉽게 사면해주는 관행도 바뀌어야 정의가 서고요.

제 ┃ 영화 〈부러진 화살〉 열풍에서 보듯 사법 정의에 대한 국민의 의구심이 높습니다. 검찰과 법원의 문제는 무엇이며 어떻게 개혁해야 할까요?

안 ┃ 영화는 사실 여부가 아니라 왜 사람들이 공감하는가가 중요하다고 생각해요. 거기에 따라 민심의 흐름, 시대정신을 읽을 수 있다고 생각하거든요. 지금 사법개혁에 대한 우리 사회의 요구가 아주 높죠. 법원이 정치적 고려에 따른 요구에 휘둘리지 않도록 고등법원 부장판사 이후의 법관 인사제도 등을 개혁해야 한다고 생각합니다. 또 검찰뿐 아니라 견제되지 않는 권력은 부패할 수밖에 없다는 생각이 듭니다. 지나치게 권한이 집중됐다면 고위 공직자 수사처 신설 등 권력을 분산할 수 있는 방법을 찾는 것이 옳겠지요.

제 | 정권 말 권력 측근의 비리가 무더기로 폭로되고 있습니다. 정권 말기마다 반복되는 현상인데 근본적인 해법은 무엇일까요?

안 | 이 부분은 사람의 문제, 제도의 문제가 있다고 생각합니다. 대통령이 되기까지 신세 진 사람이 많아 자리 나눠주기를 하다 보니 적합하지 않은 인재를 쓴 것이죠. 여러 사람에게 특별히 신세 진 일이 없는 사람이 인사권자가 되어 능력에 따라 적합한 사람들을 적재적소에서 일할 수 있게 해야 합니다. 무능한 사람이 엉뚱한 자리에 가서 권력을 휘두르다 보니 부패도 쉽게 발생하게 되는 겁니다. 사적 인연이 공직 임명의 기준이 되어서는 절대 안 되겠습니다. 제도적 측면에서도 공직자들을 제대로 감시하는 장치가 필요합니다. 최근 집권한 프랑스의 올랑드 정권은 각료들의 윤리규정을 강화하고 엄격한 감시를 약속했는데, 우리도 이를 참고할 필요가 있습니다.

제 | 국제기구에서 나오는 투명성 지표 등을 보면 우리나라는 경제 수준에 비해 부패가 특히 심각한 나라로 늘 지목됩니다. 어떻게 해야 달라질 수 있을까요?

안 | 미국이라는 나라는 자본주의의 모든 장단점을 가장 뚜렷하게 보여주고 있고 사실 많은 구조적 문제를 안고 있지만 부패에

144

대해 엄격한 법과 제도가 존재하기 때문에 나름의 건강성을 유지한다고 생각합니다. 특히 자본시장이나 기업 범죄, 탈세 등에 대해서는 가석방 없는 종신형이나 병합선고, 즉 모든 죄의 형량을 합산해서 처벌하는 방식으로 엄벌을 내리죠. 기업 간의 공정거래를 해치는 범죄행위도 강력하게 처벌하고요. 지위 고하를 막론하고 대통령까지도 하야시킬 수 있는 법으로 부패를 막고 있죠. 우리나라는 미국의 제도를 많이 들여왔지만 이 부분에 대해서는 제대로 배우지 못한 것 같아요.

남유럽은 반대의 사례인데요. 그리스 등 남유럽 경제위기의 근본원인은 기득권층의 도덕적 해이와 사회 전반의 부패라고 생각합니다. 특히 기득권층의 부패가 장기화, 구조화되면서 전 사회 구성원이 부패의 공범이 되는 현상이 나타났어요. 이렇게 되면 국가경쟁력은 사망 상태에 이를 수밖에 없습니다.

우리 사회도 그동안 효율성을 앞세우면서 부패에 관대한 문화를 키웠죠. 그러나 앞으로 우리나라가 선진국의 궤도에 안착하기 위해서는 필사적으로 공정성과 투명성을 높여야 합니다. 국제투명성기구에서 조사한 우리나라의 부패인식지수는 세계 43위로, 경제규모 10위권의 국격과 비교하면 매우 부끄러운 수준입니다. 여전히 대통령 친인척과 측근 비리가 반복되는 이유 중의 하나는 처벌이 미약하고 특별사면 등을 통해서 형집행도 제대로 이뤄지지 않기 때문이죠. 기득권층이 제대로 처벌받지 않는 것을 보면서 국민들이 법질서에 대한 회의를 느끼고 정의롭지 못한 사회라는 생각을 가지는 것은 너무나 당연하고요.

법률을 위반하는 적극적 부패행위 외에 사회적 공익성의 의무를 다하지 않는 것도 넓은 의미의 부패라고 볼 수 있습니다. 예를 들면 공공기관에서 남은 예산을 헤프게 써버리는 행위, 공금이 지원된다고 해서 값비싼 기름을 마구 주유하는 일 같은 것도 부패라고 할 수 있죠. 관료조직이나 공무원들의 윤리의식도 마찬가지인데, 예를 들어 공무원이 국민을 위해서가 아니라 대자본의 이익을 고려해 정책을 판단한다면 그것 역시 부패라고 볼 수 있습니다. 정부의 규제부서에서 전관예우 등 미래의 기회를 보고 불공정한 정책 판단을 한 경우도 사실상 부패행위를 저지른 것이죠. 꼭 뇌물을 주고받지 않더라도 공직에 종사하거나 공적 판단을 할 수 있는 사람들이 자신의 윤리성과 도덕성을 유지하지 못하는 것 역시 광의의 부패로 규제되어야 합니다. 이런 부분의 개혁을 통해 부패가 구조적으로 척결되지 못한다면 우리가 선진국으로 도약하는 일은 불가능할 것입니다.

제 | 공기업, 금융회사 등의 낙하산 인사가 사회정의를 망치고 관련 조직의 효율성을 무너뜨린다는 지적이 많습니다. 이런 문

제는 어떻게 개선할 수 있을까요?

안 ｜ 대통령이 자신의 철학을 대변할 수 있는 도덕적인 인물을 우선 잘 뽑아서 조직의 정점에 기용하는 것이 중요하다고 생각합니다. 조직의 정점에 가면 사람의 장점이 증폭될 수 있거든요. 반대로 부적격자가 가면 그 사람의 단점이 조직 내의 과잉충성파들을 통해 증폭되면서 조직 전체가 망가져버리게 됩니다. 그래서 우선 기관장 인사를 잘해야 하고, 동시에 공직자의 취업제한 등 윤리규정을 강화하고 적극적으로 점검하는 제도와 관행의 개혁도 필요합니다.

제 ｜ 중소기업들 얘기를 들어보면 대기업의 불공정행위도 무섭지만 정부 부처가 거래 상대인 '갑'이 될 때 대기업 못지않은 횡포를 부리기도 한다고 한숨을 쉬던데, 사실인가요?

안 ｜ 안철수연구소에서 정부에 제품을 판매할 때 외국산 수입 백신과 가격을 맞추라는 요구 때문에 힘들었던 경우가 있어요. 그렇게 되면 턱없이 가격이 낮아져 수익성이 떨어지게 되는데제품의 질이나 향후 관리시스템 같은 것은 고려하지도 않고단가 인하만 요구하죠. 요즘 정부에서 대기업과 중소기업 간의 불공정거래 관행을 지적하며 수평적인 네트워크와 동반성장 등을 이야기하는데, 그 이야기를 하기 전에 정부부터 관행을 고쳐야 합니다.

정부와 산하기관, 그리고 공기업들이 먼저 고칠 수 있는데도 괜히 대기업 탓만 한다면 설득력이 떨어지겠죠. 또 정부가 납품을 받을 때 중소기업과 직접 거래하기보다 대기업과 거래하는 경우가 많은데요, 중소기업을 개별적으로 상대하면 프로젝트에 따라 각 분야의 수많은 기업들을 상대해야 하니 담당자의 업무가 많아지고, 또 직접 가격을 깎으면 정부가 비난을 받게 되니 대기업에게 떠넘기는 것이죠. 프로젝트를 낮은 가격으로 수주한 대기업은 자신들의 이익은 보전하고 손실분의 부담은 하청 중소기업에게 전가시켜요. 정부가 대기업과 중소기업 간의 불공정거래 관행을 악용하고 있는 셈이죠. 폐단을 고쳐야 할 주체가 오히려 권장하는 꼴이니 동반성장은 공허한 구호로 그칠 뿐입니다.

정부의 불공정거래 관행에 대해서는 감사원 말고는 특별히 감시하는 기능과 부서가 없는데요, 심지어 감사원이 각 정부 부처의 납품 관련 감사를 하면서 중소기업과 거래한 부처에는 "왜 안정적인 대기업과 거래하지 않고 중소기업과 했냐"고 질책한다는 거예요. 미국의 경우는 정부에서 진행하는 프로젝트 중에 미리부터 중소기업 쪽의 몫을 따로 정해두는 경우가 많아 우리와 비교가 됩니다.

제 │ 그동안 '제왕적 대통령제'의 권력 집중에 대해 많은 비판이 제기됐고, 그래서 총리의 역할을 강화하고 책임을 분담하는 분권형 대통령제로 개헌해야 한다는 논의가 정치권에서 꽤 있었죠. 원장님은 어떤 권력구조가 바람직하다고 보시는지요.

안 │ 프랜시스 후쿠야마는 "민주주의란 다수가 마음대로 하는 것이 아니라, 많은 사람의 지지를 받아서 뽑힌 권력도 견제받고 균형을 유지할 수 있도록 스스로 시스템을 만들어나가는 것이 본질이다"라고 주장했습니다. 민주주의의 역사가 오래된 나라일수록 한 사람에게 권한이 집중되는 것이 아니라 견제장치가 잘 작동하게 돼 있죠. 선거에 의한 견제도 있지만 정권의 변화와 상관없이 견제되는 장치도 필요합니다. 권력의 집중화를 견제하는 기관(institution)들을 지금부터라도 잘 만들어나갈 필요가 있다고 봅니다. 예를 들어 미국은 종신제가 적용되는 대법관 등 독립성을 유지할 수 있는 기관들이 선거로 뽑힌 공직자들을 견제하죠. 그리고 지금도 총리제의 입법 취지를 잘 살리면 어느 정도의 분권이 가능하다고 생각합니다.

제 │ 원장님은 '통합과 소통의 리더십'을 강조하셨는데요, 이런 원칙에 걸맞게 각료들을 기용하려면 어떻게 해야 할까요?

안 | 복지, 정의, 평화의 과제를 수행하기 위해서는 많은 사람들의 합의를 이끌어내야 한다고 말씀드렸는데요, 이를 위해서는 정치적 대타협, 즉 타협을 통한 개혁이 필요하다고 생각합니다. 정파나 이념의 대립 속에서는 아무것도 변화시키지 못했던 과거의 경험을 반추할 필요가 있습니다. 그래서 유능한 인재는 정파와 관련 없이 기용하는 문화가 필요합니다. 그동안 정권을 잡은 편의 사람들만 기용하다 보니 협소한 인재풀에서 적절한 인재를 확보하기 힘들었고, 특히 그중에서도 신세를 졌거나 친한 사람들을 집중적으로 쓰다 보니 부적합한 인물들에게 중요한 역할이 주어져 많은 문제가 생겼죠. 이것은 국민들의 정치 불신으로 이어졌고요. 이런 점들을 극복하기 위해서는 인재추천위원회와 같은 시스템을 만들어 상시적으로 폭넓은 추천을 받고, 검증위원회를 통해 이 인재들을 검증한 뒤 적재적소에 기용하는 방법을 생각할 수 있을 것입니다.

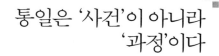

통일은 '사건'이 아니라 '과정'이다

제 | 북한과의 관계를 개선하고 평화협력을 통해 통일을 추구하는 것이 지금 우리에게 절실한 과제라고 주장하셨는데, 어떤 뜻인가요?

안 | 우리가 나아가야 할 방향은 복지국가, 정의로운 국가, 그리고 평화통일의 세 가지라고 말씀드렸는데요, 안보가 불안하고 평화가 정착되지 못하면 복지국가도, 정의도 불가능하다고 생각합니다. 단기적으로 평화를 정착시키고 장기적으로 통일로 나아가는 것이 우리의 장래를 위한 필수 요소라고 생각합니다. 평화를 위한 궁극적인 해결책은 통일이니까요.

우리가 분단된 나라에 살고 있기 때문에 지정학적 위험으로 외채 발행이나 주식 평가에서 손해를 보는 '코리아 디스카운트'를 당하고 있고, 국방비 부담과 복지 압박, 남남의 이념 갈등 등 많은 비용을 치르고 있지 않습니까? 평화가 정착되면 이런 손해를 보지 않아도 되죠.

다른 시각에서 보면 북한은 우리가 해결해야 할 문제인 동시에 우리의 미래를 위한 선물일 수도 있습니다. 북한과 평화적인 경제협력이 활성화되면 내수시장 확장되는 효과를 얻을 수 있어요. 우리 경제는 현재 성장이 정체된 상황인데 북한이 새로운 성장 동력이 될 가능성이 있다는 것이죠. 북한 내 지하자원, 관광자원, 인적자원을 활용할 수 있고요. 동북아 경제권 형성을 위한 길이 열릴 수 있고 육로를 통해 부산에서 프랑스 파리까지 연결될 수도 있죠. 지금은 북한에 막혀서 남한이 사실상 섬나라와 같은데, 대륙이 연결돼 원자재와 수출품 등의 수송이 쉬워지는 거죠. 그러면 우리 경제가 한 단계 도약할 수 있는 환경이 조성될 수 있습니다. 이렇게 남북이 경제협력을 통해 격차를 줄여나가면 서독과 동독이 교류협력을 통해 통일 비용을 줄인 것처럼 장기적으로 한반도의 통일 비용도 줄일 수 있을 거예요.

제 | 그렇다면 이런 관점에서 역대 정부의 대북정책에 대해서는 어떻게 평가할 수 있을까요?

안 | 김대중, 노무현 정부의 햇볕정책은 교류협력으로 남북 긴장완화의 성과를 거둔 반면 '퍼주기' 논란 등 남남갈등, 즉 남한 내의 이념갈등을 유발했죠. 투명성이 부족했다는 문제도 있었고요. 반면 이명박 정부는 채찍만 써서 남북갈등이 심화됐습니다. 이명박 정부가 채찍 위주의 강경책, 기계적 상호주의를 고수한 것은 북한이 곧 무너질 것이라는 붕괴 시나리오에 따른 것으로 보이는데, 그런 시나리오는 설득력이 없다고 봅니다. 이제 우리는 지난 15년간의 경험을 토대로, 장기적인 관점을 유지하면서도 유연한 대북전략을 세워야 합니다. 북한의 붕괴를 전제한 봉쇄정책은 한반도의 긴장만 고조시키고 평화를 훼손한다고 생각해요.

제 | 우리 사회의 일부 보수파들이 가정하고 있는 북한붕괴 시나리오가 현실성이 없다고 보시는 이유는 무엇인가요?

안 | 북한에는 '아랍의 봄' 같은 민중봉기가 일어나기 어렵다고 생각하는데요, 인터넷이나 SNS 등의 커뮤니케이션 기반이 되어 있지 않고 주민에 대한 독특한 통제체제가 강력하기 때문입니다. 외부에서 북한을 경제적으로 봉쇄해도 중국의 지원이 있기 때문에 고립되지 않을 것으로 생각합니다. 오히려 북한을 고립시키려다 북한 광물자원의 선점 등 북한경제의 중국 예속

만 급진전될 수 있다고 봅니다. 실제로 남북경제협력이 위축되자 북한은 중국과 경제협력을 확대했고 북한의 경제지표는 그리 악화되지 않았습니다.

지난 1994년의 김일성 사망, 그리고 작년 김정일 사망 당시에도 우리나라 일부 인사들은 북한의 붕괴를 기대했지만 그런 조짐은 나타나지 않았죠.

제 ┃ 그러면 앞으로 어떤 대북정책을 추진해야 한다고 생각하십니까?

안 ┃ 통일을 하나의 '사건'으로 보는 시각이 있고, 통일을 점진적인 '과정'으로 보는 시각이 존재하는 것 같습니다. 통일을 사건으로 보는 것은 이명박 정부의 시각인데요, 통일세 문제를 꺼내는 것을 보면 어느 날 갑자기 통일이 닥칠 것으로 생각하는 것 같습니다. 저는 과정으로 보는 시각에 동의합니다. 남북 간의 경제교류가 진전되면 서로에 대한 의존도 커지죠. 개성공단이 좋은 예가 될 것입니다. 그런 협력을 통해 평화를 정착시키고 통일을 향해 나아갈 수 있다고 생각해요.

앞으로의 남북관계를 위해서는 대북정책, 국방정책, 외교정책이 각각 따로 가는 게 아니라 일관된 전략을 가지고 통합적으로 추진해야 합니다. 단기적으로는 중단됐던 남북대화와 경제

협력을 재개할 필요가 있습니다. 금강산, 개성관광 등을 다시 시작하고 개성공단은 확대하며, 개성공단과 같은 협력모델을 다른 지역에도 점진적으로 확대해나가는 것이 필요합니다. 아울러 한반도 문제는 남북한을 둘러싼 국제관계와 북한 내부의 문제 등을 포함해 입체적으로 파악하고 정교한 전략을 짜는 것이 중요하다고 봅니다.

제 | 천안함 사건 이후 개성공단을 제외한 모든 경제협력이 중단된 상태입니다. 남북경협 관련 기업과 자영업자들은 큰 손해를 보고 있으며, 당장 문제 해결이 시급하다고 호소합니다. 앞으로 어떻게 해야 할까요?

안 | 이명박 정부가 봉쇄정책을 펴면서 손해는 금강산 등 북한 지역에 투자한 한국기업들이 많이 입었습니다. 피해액이 수조 원에 이른다는 통계가 있고, 북한보다 남한의 피해가 더 크다는 분석도 있더군요. 앞으로는 정부가 적극적으로 북한과의 경제교류를 재개해야 하고, 급작스런 상황 변화에 따라 투자한 기업들이 손해보는 일이 재발하지 않도록 남북관계를 구조화, 제도화하는 노력을 기울여야 합니다.

제 | 북한의 핵개발 문제는 어떻게 해결해야 할까요?

안 ┃ 한반도 비핵화는 우리에게 양보할 수 없는 목표입니다. 이런 목표를 향해 인내심을 갖고 나아가야 한다고 생각합니다. 북한 핵은 지금까지처럼 6자 회담을 통해 국제적인 해결책을 모색하되 남북 간의 경제협력을 통해 접촉 창구를 넓힐 수 있어야 합니다. 국제적으로 합의된 로드맵을 존중하면서 차근차근 대화를 해나가야죠.

제 ┃ '대북경협 달러가 핵무기 개발 자금으로 쓰였다', '쌀을 줬더니 군량미로 썼다'는 지원 반대 논리에 대해서는 어떻게 생각하시나요?

안 ┃ 북한은 남한이 돈을 주지 않아도 핵개발을 했을 것이라는 분석이 많더군요. 〈워싱턴포스트〉 기자였던 돈 오버도퍼는 저서에서 "우리에게는 일상적인 훈련 정도로 인식되는 '팀스피릿 훈련'에 대해서도 북한은 실제로 엄청난 위협을 느꼈다"라고 말했습니다. 핵개발이 미국의 위협에 맞서 체제를 유지하기 위한 방편이라는 것이 북한의 주장이기도 하고요. 어쨌거나 북한은 정전상태에서 일방적으로 핵을 개발했고 그것을 협상용 또는 대남 위협용으로 쓰고 있는 상황입니다. 이 때문에 북한의 핵개발은 남한과의 경협 여부와 상관없이 진행하는 것이고, 중국에 광물자원을 파는 등 어떤 수단을 써서라도 자금을 조달했을 겁니다. 남북이 대화의 공간을 마련하고 평화체제를 정착시켜야 북한이 핵에 의존할 명분을 제거할 수 있다고 생각합니다.

제 | 북한 주민들의 식량난과 굶주림이 심각하다고 하는데요, 식량과 의약품 등 대북 인도적 지원에 대한 입장은 어떠십니까?

안 | 식량, 의약품 지원은 인도적 차원에서 필요합니다. 다만 정부와 민간 지원을 분리하는 게 좋다고 생각합니다. 정부 차원에서 긴장이 생기면 정부의 공식 지원은 재고하더라도 민간 차원의 지원은 자율적인 판단을 존중하면 될 것 같습니다. 통일을 하려면 북한 주민의 마음을 얻어야 합니다. 에이브러햄 링컨 대통령이 말했죠. "배고픈 아이는 정치를 모른다." 누구든 기본적으로 생존이 가능해야 변화를 희망할 수 있을 겁니다. 물론 식량 배분 등의 과정에서 군량미 전용 등의 문제가 생기지 않도록 모니터링 제도화를 요구할 필요는 있다고 봅니다. 최근 들어 국제식량기구의 모니터링이 상당히 진전된 것으로 알고 있는데 그 점은 다행스럽다고 생각합니다.

제 | 탈북자 문제로 중국과 갈등을 빚고 있습니다. 이 문제에 대해 우리가 어떻게 대처해야 한다고 보시나요?

안 ㅣ 사회적 약자의 인권에 대한 보호는 어떤 가치보다 소중하다고 생각합니다. 탈북자들의 북송은 생명과 인권이 달린 문제이니 중국 정부와의 대화를 통해 북송을 막도록 최대한 노력해야 합니다.

제 ㅣ 현재 북한에 어떤 인권상의 문제가 있고, 우리 정부 혹은 사회가 어떤 자세를 가져야 한다고 보시는지요?

안 ㅣ 정치범 수용소가 존재하고 탈북자의 강제북송과 처형 등이 이뤄지는 것으로 알고 있습니다. 앞으로 우리 정부가 남북협력을 진전시키면서도 북한 주민들의 인권과 관련해 필요한 발언은 하는 태도가 필요하지 않나 생각합니다.

제 ㅣ 대북관계에서 미국과 중국 모두의 협력이 필요한데, 그동안의 우리 외교가 미국 쪽에 너무 치우치고 중국과의 관계가 악화됐다는 지적이 있습니다. 이로 인해 남북관계를 풀어나가는 데 어려움이 있다는 분석도 있는데요, 앞으로 미중 양강에 대한 외교는 어떤 전략을 취해야 할까요?

안 ㅣ 외교의 기본원칙은 인류의 보편적 가치와의 균형 속에서 국익을 우선으로 하는 것이라고 봅니다. 또 균형 외교와 다자 외교가 중요하다고 생각합니다. 특히 대미, 대중외교의 적절한 균형이 필요하다고 생각해요. 한미동맹은 중요하기 때문에 서로를 위해 존속할 수 있는 관계를 만들어야 합니다. 다만 미국과 중국 사이에서 너무 한쪽으로 치우치지 않게 어느 정도는 균형을 잡도록 노력해야 한다고 생각합니다. 경제적인 실리 측면에서 봐도 중국을 떼어놓고는 우리 경제를 설명하기 힘든 상황이 됐습니다. 북한 문제를 풀기 위해서도 북한에 영향력이 있는 중국의 도움이 필요하고요.

제 | 천안함 사건의 진상에 대해 '북한의 도발이다', '조사 결과가 석연치 않다' 등 논란이 아직까지 끝나지 않고 있습니다. 이 사건에 대해 어떻게 보시나요?

안 | 저는 기본적으로 정부의 발표를 믿습니다. 다만, 국민에게 설명하는 과정이 제대로 관리되지 않아 문제가 커졌다고 생각합니다. 국가 차원에서 '합리적 의문'을 풀어주려는 노력이 필요했지만 이견을 무시하는 태도가 사태를 악화시켰다고 봅니다. 적지 않은 국민들이 의문을 제기한다면 그것을 공박하기보다는 의문을 풀어주기 위해 더 많은 노력을 해야 했다는 의미지요.

복지, 정의, 평화는 일자리를 만드는 정책이고 밥 먹여주는, 즉 국민을 행복하게 해줄 키워드다. 이것은 시대정신인 동시에 우리의 미래를 열어갈 핵심 방향이다. 정치인은 진영 논리를 버리고 화합과 소통의 리더십을 통해 이 세 가지 시대적 과제를 향해 나아가야 한다.

3

컴퓨터 의사가 본
아픈 세상

—
컴퓨터 의사가 본
아픈 세상
—

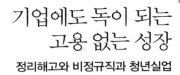

기업에도 독이 되는
고용 없는 성장
정리해고와 비정규직과 청년실업

제 ┃ 지금까지 말씀하신 복지, 정의, 평화 다 좋은 얘긴데 당장 먹고살기 힘든 서민층, 저소득층 국민들에게는 살림살이에 과연 어떤 도움이 될까, 막연한 이야기로 들릴 수도 있을 것 같습니다. 대다수 국민들에게 당장 급한 것은 일자리가 늘어서 취업이 좀 됐으면, 지금 나가는 일터에서 좀 더 안정적으로 일하면서 벌이가 나아졌으면 하는 것인데요.

안 ┃ 제가 말씀드리는 복지, 정의, 평화는 일자리를 만드는 정책이고, 밥 먹여주는, 즉 국민을 행복하게 해줄 수 있는 키워드라는 점을 강조하고 싶습니다. 우선은 복지제도와 자원이 확충되면 지금까지 미비했던 복지 서비스를 통해 많은 일자리가 창출될 수 있습니다. 당장 급한 것만 봐도 공공 보육시설이 대폭 늘어야 하고, 지역을 중심으로 의료시설이 확충되어야 하니까 여기서 일할 사람들, 즉 보육교사와 의사, 간호사 등 전문 인력의 일자리가 늘어나지 않겠어요? 양질의 정규직 일자리가 많이 늘어나면 구매력이 커지고 내수가 살아날 수 있을 것입니다. 또한 튼튼한 사회안전망이 구축되면 지식정보산업이 발전할 수 있는 토대가 마련될 수 있습니다.

'정의'도 일자리를 만들 수 있는데요, 공정한 거래 질서를 통해 중소기업의 숨통이 트이고 수익이 개선되면 추가 고용 여력이 생길 것입니다. 중소기업에서 일하는 비정규직이 정규직으로 전환되는 등 근로 여건 개선도 가능할 것이고요. 자영업자의 형편이 좋아지면 추가 고용 여력이 생길 수 있고요. 중소기업이 중견기업으로 커나가고 벤처도 성장하면서 일자리가 창출될 수 있습니다. 또한 성실하게 최선을 다했다가 실패한 사람들에게 다시 기회가 주어짐으로써 젊은이들이 꿈꾸는 대로 도전에 나설 수 있게 되고, 창업이 활성화되면서 경제에 새로운 활력을 불어넣어줄 수 있을 겁니다.

'평화'도 일자리를 만들 수 있습니다. 남북경제협력으로 중소기업들이 상대적으로 인건비가 낮은 북한의 노동력을 활용해 생산기지를 만들고 중간관리자와 젊은 기술자들을 북한에 많이 파견할 수 있을 것입니다. 북한의 건설, 유통, 부동산, 자원과 관광개발 등에서도 일자리가 많이 생길 수 있고요.

따라서 복지, 정의, 평화는 시대정신인 동시에 결과적으로 일자리를 창출할 수 있는 소중한 키워드들이라고 생각합니다.

제 | 그런데 당장의 현실을 돌아보면 고용문제가 참 심각하고 암울합니다. 많은 사람들이 갖고 있는 의문은 지금까지 우리 경제가 외형상으로 성장을 지속했는데 실업, 비정규직, 실질소득 정체 등의 문제에서 보듯 일자리 사정이 더 나빠진 이유가 뭐냐는 것입니다.

안 | 흔히들 '고용 없는 성장' 혹은 '고용 없는 경기회복'이라고 부르는 현상이 선진국의 경우에는 1990년대 후반, 우리의 경우에는 2000년 이후부터 심각해지기 시작했죠.

대체로 세 가지 원인을 지적할 수 있을 것 같습니다. 첫째, 기업들의 리스크 회피 경향이 강해졌다는 것인데요, 기업들이 미래의 불확실성에 대해 더 크게 체감하게 되면서 가능하면 고용을 낮게 유지하려고 한다는 것이죠. 외환위기를 겪은 이후 우리 기업들이 비정규직을 크게 늘린 것도 이런 맥락이라고 할 수 있을 것입니다.

두 번째는 정보통신 등 기술의 발달이 근본적으로 노동절약적인 방향으로 진행되었다는 것입니다. 현금자동인출기(ATM)가 늘어나면서 은행 창구직원이 줄어든 것이 예가 되겠죠. 그러나 기술의 발전이 반드시 고용을 감소시키는 것만은 아니라는 점에서 다른 의견도 있긴 합니다. 세 번째는 세계화의 급속한 진전과 함께 중국 등 새로운 노동공급원이 등장함으로써 노동의 수요와 공급이 깨졌다는 것입니다. 이들 신흥시장의 부상은 수요처로서의 의미도 있지만 자본주의 경제시스템 안으로 갑작스러운 노동공급의 증가를 초래했죠. 즉 글로벌 경제 체제 내에 갑작스럽게 산업예비군이 증가하면서 고용과 관련한 자본의 선택 폭은 엄청나게 커졌고, 해외공장 건설 등 생산기지를 옮길 유인이 그만큼 커진 것이죠. 2000년대 들어서 나타난 고용과 성장의 불균형은 아마도 위의 세 가지 요인이 모두 복합적으로 작용한 결과일 것 같습니다.

그런데 이런 요소들의 영향을 가속화하는 것이 주주의 이익극대화에만 치중하는 주주중심 자본주의라고 생각해요. 발전하는 기술을 이용해 효율성을 극대화하다 보니 사람보다 자동화에 투자를 더 많이 하게 되는데, 이것이 주주 자본주의와 결합하면 이런 경향은 가속화하면서 일자리 없는 성장을 낳는 것이죠. 또 더 빨리, 더 많은 이익을 주주에게 돌려주기 위해 고용 인원을 줄이고 중국, 베트남 등 인건비가 싼 나라로 공장을 옮기다 보니 국내 노동자의 일자리가 불안해지는 것이죠.

제 | 그렇다면 우리가 이 문제를 어떻게 풀어가야 할까요?

안 | 우선 기업들이 '고용 없는 성장은 자본에도 독이 된다'는 사실을 인정해야 할 것 같습니다. 왜냐하면 노동자는 비용인 동시에 기업이 생산한 상품의 수요자이기 때문이죠. 고용이 따르지 않는 성장은 궁극적으로 상품에 대한 수요를 위축시켜서 파괴적인 결과를 낳게 됩니다. 글로벌 위기의 원인인 가계부채의 증가, 국가 재정 적자의 확대도 중산층과 서민들의 소득 정체와 수요 부족을 빚으로 메우려다 나타난 현상이거든요. 쉽게 말하면 고용이 열악해지면서 가계가 물건을 살 수 없으니 금융투기나 부동산 버블 등을 통해 빚을 얻게 해주고, 그래도 수요가 부족해지니까 정부가 빚을 내서 대신 사주는 과정이었던 셈이죠.

저는 이 문제가 다른 어떤 OECD 국가에서보다 우리나라에서 더 심각하다고 보는데, 그 이유로는 첫째 한국의 사회적 지출이 OECD 국가 중에서 가장 낮고, 둘째 우리나라는 조세 및 다른 소득이전 제도들이 사회적 재분배와 빈곤 해결에 미치는 영향이 가장 약하고, 셋째 한국의 이원적 노동시장, 즉 정규직과 비정규직의 임금 소득격차가 큰 불평등을 낳고 있기 때문입니다. 이건 OECD가 지적한 내용이에요.

우리가 이 문제를 해결하려면 이런 배경을 인식하고 문제의식을 공유해야 합니다. 그리고 여야 정치인과 기업인, 노동자 등 이해 당사자들이 참여하는 회의, 일종의 그랜드 라운드를 통

해서 이 문제를 해결하고 일자리를 늘려가자는 사회적 합의를 만들어내야 해요.

그러려면 우선 거시적 시각에서 정책의 초점이 일자리 중심이어야 하고, 내수산업, 서비스 산업, 벤처기업과 중소기업 지원에 맞추어져야 합니다. 이들 부문에서 고용 효과가 크다는 것은 경험적으로나 논리적으로 이미 입증되어 있죠. 문제는 경쟁력인데요, 그동안 대기업에 집중돼왔던 각종 세제, 인프라 제공 등의 혜택을 이들에게 파격적으로 돌림으로써 이 부분의 경쟁력과 생산성을 높이는 것이 절실하다고 생각해요. 특히 창업 활성화로 가능성 있는 기업들이 많이 생길 수 있도록 하고, 중소기업이 중견기업으로 성장하면서 질 좋은 일자리가 많이 만들어질 수 있도록 하는 것이 중요하죠. 제가 전에 강연에서 "대기업은 내버려둬도 잘하고 있으니 더 이상 성공한 맏자식 걱정에 계속 매달리지 말고 그동안 희생한 둘째를 돌봐야 할 때"라고 말했는데 바로 이런 뜻이었죠.

두 번째는 노동시장의 수급 개선이 중요한데요, 사회가 복잡화, 세분화돼가면서 노동수요는 다양화되는데 노동공급은 그렇지 못해요. 학생들이 안정적인 일자리를 보장한다고 생각되는 소수 전공에 집중하고 있는 것이죠. 이런 경향을 완화하기 위해서는 사회안전망을 강화해야 합니다. 복지제도를 통해 사회안전망이 확충되면 적성에 맞는 다양한 전공을 과감하게 선택할 수 있게 용기를 주어서 도전정신을 가진 인재들을 키우고, 노동공급의 다양성을 높여서 궁극적으로는 노동시장의 수급을 개선할 수 있죠.

또 하나는 노동시간을 단축하면서 유럽식으로 일자리를 나누면 현재 세계에서 최장 시간을 일하는 우리나라 노동자들의 근로 여건이 개선되면서 일자리를 늘릴 수 있을 거예요. 이미 주 40시간으로 근로시간은 단축이 됐고 초과 근로는 주 12시간까지 허용하는데, 현장에서는 이 52시간이 안 지켜집니다. 비정규직은 수당도 없이 일을 시키고요. 이미 일자리가 있는 사람들은 장시간 혹사당하고 실업자는 일자리를 찾기가 힘든 게 현실이죠. 초과근로수당을 아주 높이는 등의 방법으로 연장근로 남용을 막고 근로시간 단축과 일자리 나누기를 유도하면 좋을 것 같습니다.

제 | 요즘 중고령층의 고용안정 차원에서 정년 연장에 대한 논의가 활발한데 이에 대해서는 어떻게 생각하시나요?

안 | 회사마다 다르지만 53세 정도에 은퇴하는 직장인이 많습니다. 그러면 수입이 없는 상황에서 국민연금이 나오는 61세까지 기다려야 합니다. 연금 지급 시기는 연차적으로 65세까지 늦춰질 예정이고요. 그사이 비는 시간이 문제가 되니까 은퇴

시기를 60세까지 연장하는 것으로 여야가 합의한 것 같습니다. 그렇게 하다 보면 청년 일자리를 만들지 못하는 문제가 생기고 기업들도 부담이 있을 수 있죠. 3자 타협이 필요한 것 같은데요, 60세까지 정년 연장을 받는 근로자 입장에서는 워크셰어링(일자리 나누기)을 통해 원래 노동시간의 70% 정도만 일하거나, 임금 피크제(일정 연령이 된 노동자의 임금을 줄이는 대신 정년을 보장하는 제도)를 조건으로 60세까지 일하는 방식을 선택할 수 있을 것입니다. 동의하지 않는 분들은 현행 정년으로 가고요. 기업체 입장에서도 워크셰어링을 통해 남는 여력으로 새로운 청년 일자리를 늘릴 수 있을 겁니다.

제 ┆ 일자리 자체가 많이 늘어나지 않는 것도 문제지만 고용의 질이 나빠지고 있다는 것도 심각한 문제입니다. 특히 비정규직이 정부통계 기준 600만 명, 노동계 기준으로는 860만 명이나 되는데, 어떤 대책이 필요하다고 생각하십니까? 잘 아시는 것처럼 비정규직은 정규직 임금의 50% 내외에 불과한 저임금을 받고, 낮은 사회보험가입률 등 사회적 보호를 제대로 받지 못한 채 상시적인 해고의 위협에 시달리며, 정규직과의 차별로 소외감을 느끼는 등 열악한 노동조건을 감수하고 있는데요.

안 | 우선 정부의 각 부처들이 자기가 맡은 바 본분에 충실해야 한다고 봅니다. 노동부장관은 기본적으로 노동자들의 권익을 대변해야 하는데 지금은 노동부가 기업의 이익을 대변하는 것 같아요. 단기적으로는 기업 측에 유리할지 모르지만 중장기적으로 역효과가 납니다.

비정규직 고용은 사실 회사 입장에서 필요할 때 일을 시키는 방식으로 노동유연성을 확보할 수 있다는 점에서 정규직보다 더 많은 돈을 주고 일을 시키는 게 맞습니다. 그런데 우리는 기업의 경비절감 수단으로 돈을 더 적게 주면서 OECD 국가 중 가장 많은 비정규직을 쓰고 있죠. 외환위기 이후 급속하게 늘었고요. 기업들이 비정규직을 남용할 수 없도록 '동일 가치 노동 동일 임금'(같은 가치를 지닌 노동에 대해서는 성별, 연령, 신분 등에 따라 차별하지 말고 같은 임금을 줘야 한다는 원칙. 국내에서는 같은 일을 하는 정규직과 비정규직의 임금을 차별하지 않아야 한다는 맥락에서 많이 거론됨)이 지켜질 수 있게 제도화해야 합니다. 중소기업들이 비정규직을 정규직으로 전환할 때 인센티브를 주는 방안도 도입하고, 공공기관과 공기업이 솔선수범해서 비정규직을 정규직으로 전환해야 합니다.

제 | 해마다 최저임금 인상을 둘러싸고 노사 간에 대립이 심각한데요, 최저임금은 어떻게 책정해야 한다고 보시나요.

안 ㅣ 유럽연합(EU)은 회원국들에게 최저임금을 근로자 평균임금의 60%로 하도록 권고하고 있고, 우리나라 노동계는 50%를 요구하고 있는데, 현재 우리나라 최저임금 수준은 30%를 조금 넘는 정도입니다. 노동계가 요구하는 평균임금의 50%까지 점진적으로 인상해야 한다고 생각합니다. 최저임금을 올리면 한계기업들이 도산하고 일자리가 오히려 줄어든다고 주장하는 사람들도 있는데, 실제 연구결과는 다릅니다. 적절한 최저임금 인상이 오히려 구매력을 높여서 일자리를 늘린다는 연구결과도 있거든요. 물론 영세자영업자 등 최저임금이 올라가면 타격을 받는 사람들도 있을 것입니다. 하지만 삶의 존엄성 측면에서 이 문제가 가야 할 길은 정해져 있다고 생각합니다. 이 길을 따라가면서 대기업 프랜차이즈의 불공정 계약을 시정하고, 중소기업 적합 업종을 육성하는 한편 대기업의 내부거래를 차단하는 등 한계기업이나 영세자영업자의 경쟁력을 키워주는 대책을 함께 추진해야죠.

제 ㅣ 학교 문을 나서자마자 실업자가 되는 청년실업의 문제도 심각합니다. 어떤 대안이 필요할까요?

안 ㅣ 우리나라의 고용률이 전체적으로 60%인데 청년 고용률은 40%밖에 되지 않습니다. 물론 높은 대학 진학률과 군대 등의 변수가 있지만 이를 다 감안해도 너무 낮은 수치예요. 청년들이 사회 진출의 문턱에서 고용이 안 되면 평생 취업하기 힘들어질 수도 있고 그러면 사회에도 짐이 됩니다. 그리고 복지사회를 건설하는 과정에서 재원이 많이 소모되는데 이들의 직업을 적극적으로 찾아주는 게 국가 입장에서도 복지비용을 절약하는 방법일 수 있죠. 제도적으로 정년 연장, 임금 피크제와 결합한 일자리 나누기를 통해 청년고용을 늘리고, 중견기업 육성을 통해 질 좋은 일자리를 많이 창출할 수 있도록 하고, 새로운 창업도 활성화할 필요가 있습니다. 청년들이 창업을 두려워하는 이유는 한 번 실패하면 재기하지 못하고 금융사범으로 전락하기 때문인데, 앞에서 지적한 대로 실패의 경험을 자산화할 수 있는 제도와 문화를 통해 이 문제를 해결해주면 창업이 촉진될 것입니다.

제 | 기업의 구조조정 과정에서 정리해고되는 근로자들이 저항하면서 극단적인 갈등을 낳는 경우가 많습니다. 쌍용자동차의 경우 지금까지 해고자와 그 가족 중 22명이 자살, 질병 등으로 목숨을 잃기도 했는데요, 이런 문제를 어떻게 풀어가야 한다고 생각하십니까? 기업경쟁력을 강화하기 위해 정리해고를 폭넓게 허용해야 한다는 의견과 노동자의 생존권이 달린 문제이니 정리해고의 요건을 엄격히 해야 한다는 주장이 맞

서는데요.

안 | 쌍용차 사태와 용산참사는 우리 시대 노동자, 서민들의 삶이
얼마나 위험에 처할 수 있는지를 보여주는 상징적 사건들이라
고 생각합니다. 정말 가슴 아픈 일입니다. 쌍용차의 경우 정리
해고가 과연 정당했는지 따져볼 필요가 있고, 회사가 재고용
등의 약속을 지키지 않고 해고자들에게 절망감을 안겨준 문제
에 대해 책임을 물어야 한다고 봅니다.

우리나라는 사회안전망이 제대로 되어 있지 않으니 회사에서
해고되면 기댈 곳이 없고 곧바로 생활고에 시달리게 되죠. 정
리해고가 남용되지 않도록 제도적으로 보완할 부분들을 정비
하고, 정리해고가 불가피한 경우에는 기업들이 취업 알선, 재
교육 등에 최선을 다하도록 의무화하는 방안도 검토할 필요가
있다고 봅니다. 그리고 사회적 차원에서 복지제도를 통해 안
전망을 갖추는 일이 시급하고요.

또 하나, 기업들도 패러다임의 전환을 받아들여 상식의 경영
을 해야 한다고 생각합니다. 힘없는 직원들의 일자리를 줄이
면서 비용을 절감했다는데, 정작 임원진들은 각종 인센티브로
지갑이 두둑해진다면 사회의 시선이 고울 리가 없습니다. 많
은 기업들이 인건비를 줄이는 것으로 비용절감을 꾀하는 것도
따지고 보면 당장의 이익에 급급하기 때문인데요, 인건비와

R&D 비용의 절감은 단기적으로 이익률을 개선시킬 수 있을지 몰라도 장기적으로는 큰 손실을 초래할 수 있습니다. 인건비를 줄이기 위해 정리해고를 남발하면 그동안의 노하우도 함께 사라지는 것이죠. 그리고 새롭게 직원을 뽑으려면 그만큼 적응과 업무 수행을 위한 훈련비용도 발생하죠. 채용하는 절차에서도 당연히 비용이 발생하고요. 무엇보다 해고를 남발하는 회사는 사회적 이미지가 나쁠 수밖에 없습니다.

이러한 기업 행태에는 정부의 책임도 있는데요, 정부는 기업이 이익을 많이 내면 세제혜택을 늘려준다거나, 수출을 많이 하면 감세를 하는 것 말고 모든 정책적인 수단을 동원해서 고용률을 높이는 기업에 인센티브를 주는 쪽으로 정책을 전환해야 합니다. 그렇게 되면 기업들이 사람을 쉽게 해고하기보다는 고용을 유지하거나 늘리려 할 것입니다.

제 │ 한진중공업, 유성기업 등에서 파업 등 노사대립이 있을 때 정부가 사용자 편에 서서 경찰을 동원한 강경진압으로 반발을 산 경우가 적지 않습니다. 한편에서는 정부가 강경대응으로 법질서를 세워야 한다는 주장이 있고요. 노사관계에서 정부의 역할이 어떠해야 한다고 생각하십니까?

안 │ 정부는 중간에서 공평한 중재자의 역할을 잘해야 할 것 같습니다. 사실과 법적인 근거하에서 판단하고 중재하는 심판의 역할을 해야 합니다. 지금은 정부가 지나치게 기업 쪽에 기울어져 공정한 중재자 혹은 심판의 역할을 제대로 하고 있지 못하다고 생각합니다. 적어도 노동부장관은 노조의 입장을 이해하고 성실한 중재자 역할을 한다면 노사의 갈등을 해결하는 것도 쉬워지지 않을까요.

제 | 삼성전자에서 근무한 노동자들이 백혈병과 암 등 중병에 걸린 사례를 놓고 회사와 노동자들이 산재 인정 문제로 법적 공방을 벌이고 있습니다. 법원에서 산재를 인정해야 한다는 일부 판결이 나왔지만 회사 측은 수용하지 않았는데요, 어떻게 생각하십니까?

안 | 노동자의 증상과 근무 환경에 직업병 발생의 개연성이 있다면 과학적인 인과관계가 명확하게 입증되지 않더라도 기업에서 책임을 지는 게 맞지 않을까요? 또 제도적으로 산재 인과관계에 대한 입증 책임을 개인인 노동자보다 기업에 더 많이 지울 필요가 있다고 봅니다. 법치주의는 약한 사람을 돕는 것이라고 생각하는데, 노동자와 기업 간의 관계에서도 적용돼야 한다고 생각합니다.

중산층이 쓰러진
승자 독식 사회의 풍경
900조 원을 넘은 가계부채

제 | 최근 가계부채가 900조 원을 훌쩍 넘어서면서 '과도한 가계 빚이 한국경제의 최대 위험 요인'이라는 지적이 많이 나오고 있습니다. 이런 문제의식에 동의하시나요?

안 | 가계부채 문제가 심각하다는 데 공감합니다. 우리나라 국내총생산(GDP)이 1,200조 원가량 되는데, 가계부채가 900조 원을 넘으니 일단 절대규모로도 크죠. GDP 대비 가계부채 비율이 약 80%로, OECD 평균 수준을 웃돈다고 합니다. 특히 지금 유럽재정위기 등으로 세계경제가 불안한데, 그 여파로 경기가 더 나빠지고 부동산 가격이 떨어져 주택담보대출이 대거 부실해지면 가계부채 문제가 경제를 흔들 가능성이 있다고 봅니다. 가계부채의 증가 속도가 상당히 빠르고, 글로벌 금융위기

이후 다른 나라는 가계부채가 줄어드는 추세인데 우리는 오히려 크게 늘었다는 게 심상치 않고요. 은행에서 대출을 줄이니까 금리가 비싼 제2금융권과 대부업체 등에서 대출이 크게 늘었다는 점도 불안한 요소입니다.

양적인 면뿐 아니라 질적인 부분에서도 걱정되는 점이 많은데요. 전문가들의 분석을 보니 우리나라 가구의 가처분소득 대비 부채 비율이 150%를 넘어, 서브프라임 위기 당시 미국보다 높고, 요즘 재정위기를 겪고 있는 스페인보다 심각한 수준이라고 하더군요. 또 가계부채 중 가장 큰 비중을 차지하는 주택담보대출의 90% 이상이 변동금리 대출이라, 경제상황에 따라 금리가 올라가면 빚을 갚아야 하는 사람들의 부담이 더욱 커질 수 있다는 위험성이 있어요. 선진국의 경우는 고정금리 대출이 더 많아요. 또 우리는 원리금을 분할상환하는 것이 아니라 일정 기간 이자만 내고 나중에 한꺼번에 갚아야 하는 거치식 일시상환 대출이 약 80%를 차지하고 있다고 합니다. 어느 순간 가계부채 문제가 한꺼번에 터질 가능성이 높은 구조죠.

가계부채는 금융만의 문제가 아니고 좀처럼 개선되지 않는 일자리 사정과 높은 주거비용, 사교육비 부담, 낮은 복지 수준 등이 종합적으로 영향을 미친 결과라고 봅니다. 그래서 이를 해결하는 데도 종합적인 접근이 필요하다고 생각해요.

제 | 과도한 가계부채가 사실 어제 오늘 불거진 문제는 아닌데요, 가계부채 부담으로 우리 경제에 어떤 부작용이나 폐해가 나타나고 있다고 보시나요?

안 | 가계부채는 우선 중산층의 붕괴를 가속화하고 있습니다. 최근 몇 년 사이에 중하층의 생계비 지출에서 이자 비용이 차지하는 비중이 두 배 가까이 늘었습니다. 과거에는 집을 사려고 대출을 받았지만, 지금은 이자를 갚고 생활비를 충당하기 위해 다시 대출을 받기 때문에 나타나는 현상입니다. 중산층 소득에서 부채 상환 금액이 차지하는 비중이 2000년 14% 정도에서 2011년에는 28%로 증가했다고 합니다. 이렇게 각 가정에서 빚을 갚는 데 써야 할 부담이 커지니 소비에 쓸 여력이 줄겠죠. 그러니 내수 시장이 위축되는 것이고요. 이런 소비둔화 현상은 이미 여러 경제지표를 통해 나타나고 있는 것 같아요. 백화점에서 물건이 안 팔리니까 사상 최장기 세일에 들어갔다는 얘기도 들리고요. 빚을 갚을 능력이 안 되는 사람들이 늘어나 신용불량자가 많이 생길 테고, 이들은 정상적인 경제활동을 더 이상 하지 못하게 되는 악순환에 빠지겠죠. 저소득층의 경우 얼마 안 되는 소득으로 빚을 갚아야 하니 생활이 더욱 쪼들리고, 생활고 때문에 극단적인 선택을 하는 경우도 늘고 있습니다. 나라 전체로 보면 경제상황이 복합적으로 나빠져 부

도 내는 가계가 늘어나고, 금융기관이 부실해지고 전반적인 경제위기로 이어질 가능성도 있을 것입니다.

제 | 그렇다면 가계부채 문제가 이렇게 심각해진 원인은 뭘까요?

안 | 주거비와 교육비 등 가계의 부담은 늘어나는 데 비해 수익은 늘지 않는 구조적인 문제가 주된 원인이라고 생각합니다. 약육강식, 승자독식의 시장만능주의가 활개 치는 가운데 자본의 이익을 극대화하는 방향으로 경제가 흘러가다 보니 대기업으로의 경제력 집중이 심해지고 중소기업에서 좋은 일자리들이 새롭게 창출되거나 창업이 일어날 기회는 점점 줄어들었죠. 그러다 보니 소득불균형이 심해지면서 중산층과 서민층의 실질소득이 줄거나 정체되고 부족한 수입을 빚으로 메우는 경우가 늘어난 것이죠. 비정규직, 자영업자 등 형편이 어려운 계층이 긴급한 생활자금, 영업자금 등을 대출받아 쓰는 경우가 부쩍 늘어났습니다. 우리 사회의 복지 수준이 낮으니 서민들이 의료비, 등록금, 전세보증금 등 목돈이 급히 필요하면 빚을 낼 수밖에 없는 형편이기도 하고요. 중산층은 저금리가 지속되는 상황에서 부동산 가격이 오를 것을 기대하면서 돈을 빌려 부동산담보대출을 많이 받았던 게 '빚의 함정'에 빠진 원인이죠. 이명박 정부는 재개발·재건축 규제 완화 등 부동산 경기부양

책을 통해 가격을 떠받치는 정책을 계속 추진했고요.

여기에 신용이 낮은 사람들에게도 신용카드를 너무 쉽게 발급해줘 대출수단으로 쓰게 한 카드회사 등 금융회사들의 공격적인 영업 행태도 문제였다고 봅니다. 1997년 외환위기 이전에는 금융권에서 기업대출을 주력으로 했는데 지금은 손쉬운 가계대출 위주로 영업을 하지 않습니까? 정부는 주택가격 대비 대출 비율이 낮아서 거시 감독은 문제가 없다고 합니다. 그런데 그 이야기는 담보를 충분히 잡고 있는 은행권은 안전하고 오히려 연체이자까지 수익으로 챙길 수 있다는 거예요. 집을 담보로 대출받은 국민들은 살던 집이 날아가고 파산에 이르게 되는데도 말이죠. 경제의 활력보다 부동산 경기를 부양하는 일이나 금융권의 수익을 우선시하는 행태가 이런 문제의 배경인데요. 그 피해는 고스란히 가계가 떠안아야 합니다. 그리고 이제는 전체 경제를 뒤흔들 위기적 징후를 보이고 있는 것이죠.

제 │ 그렇다면 현재의 가계부채 문제에 대해 정부와 금융권의 책임이 크다는 말씀이군요.

안 │ 그렇죠. 정부의 경우 잘못된 정책을 도입하고 유지한 것, 나쁜 결과가 생겼는데도 수정하지 않고 그대로 밀고 나간 것에 대해 책임을 져야 한다고 생각합니다. 특히 서민금융기관으로 본업에 충실해야 할 저축은행들에 대해 규제완화라는 명분으로 프로젝트파이낸싱(PF: Project Financing, 대규모 위험사업에 대한 자금조달기법으로, 프로젝트를 추진하는 사업주의 신용이나 물적담보 대신 프로젝트 자체의 수익성을 토대로 대출이 이뤄짐) 등 거액 대출을 할 수 있게 길을 터주어서 결국 엄청난 파국을 빚은 것 등에 대해 철저한 문책이 있어야죠. 은행 등 금융권의 경우 국가에 중요한 금융 인프라로서의 역할이 있는데, 개별회사의 수익에만 집착해서 국가 인프라로서의 책임을 다하지 못한 것을 반성해야 합니다. 주요 금융사들이 주가 등 자본시장의 반응에 신경을 쓰면서 단기 수익성 위주로 운영되고 있는데, 경영이 잘될 때는 이익을 사유화하고 문제가 생기면 국가가 책임지는 구조를 그대로 두어선 안 됩니다.

제 ｜ 그렇다면 이 시점에서 가계부채 문제를 해결하기 위해 어떤 대안이 필요할까요?

안 ｜ 아까 말씀드린 것처럼 가계부채는 우리 경제가 안고 있는 많은 문제의 결과이기 때문에 금융 부문의 대책만으로는 해결할 수 없다고 생각해요. 금융 부문에서의 단기적 대책과 함께 중장기적인 근본 대책을 함께 추진해야 할 것입니다. 우선 단기적으로는 당장 부도 위기로 몰리고 있는 가계들이 소득 내에서 빚을 갚아나갈 수 있도록 부채를 구조조정해주는 것이 필요하다고 봅니다. 당국에서도 '프리워크아웃'(장기연체로 신용불량자가 되기 전의 기업이나 개인을 대상으로 한 사전 신용구제제도. 1~3개월 미만 단기연체자의 채무를 신용회복위원회와 채권금융회사 간 협의를 거쳐 조정해줌)제도를 활성화한다고 하던데요. 단기대출을 중장기로 전환해주거나 금리 부담을 낮춰주는 등 빚을 진 사람이 열심히 일해서 갚을 수 있는 조건으로 계약을 바꿔주는 배려가 필요합니다. 주택담보대출 같은 경우도 변동금리대출을 가급적 고정금리대출로 전환하고 거치식 일시상환을 장기 원리금 분할상환으로 바꿔서 부실화 가능성을 낮춰줄 필요가 있고요. 서민을 대상으로 하는 대출상품과 재원을 크게 늘려서 서민들이 생계비 때문에 대부업체나 사채업자의 고금리 대출에 손을 벌리지 않을 수 있게 해주는 것도 필요하고요. 금융회사들이 모집인을 동원해서 무리한 대출 확대에 나서거나 신용카드를 마구잡이로 발급하는 일도 규제해야 해요.

보다 근본적으로는 소득불균형을 해소하고 서민과 중산층의 실질소득을 개선하는 정책이 추진돼야 합니다. 예를 들면 대기업의 불공정거래를 바로잡고 중소기업과 자영업이 활성화될 수 있게 하고, 좋은 일자리를 창출하고 비정규직의 처우를 개선하는 것 등이죠. 최저임금을 현실화해서 저임금 근로자들의 소득을 높여주는 것도 필요하고요. 주거, 의료, 보육 등의 기초 복지제도를 확충해서 서민과 중산층의 가처분소득을 늘려주는 것도 중요합니다.

제 | 일부에서는 부동산 거래가 꽁꽁 얼어붙어 있는데, 거래가 활성화 돼야 집을 팔아서라도 빚을 갚을 것 아니냐, 그러니 총부채상환비율(DTI: Debt To Income, 주택담보대출을 받을 때 연간 상환해야 하는 원리금이 연소득의 몇 퍼센트에 해당하는지를 보여주는 수치), 담보인정비율(LTV: Loan To Value, 주택가격에 비해 주택담보대출을 어느 정도까지 받을 수 있는지 규정하는 비율) 같은 대출 규제를 풀어야 한다는 주장도 나오고 있는데, 이에 대해서는 어떻게 생각하시나요?

안 | 부동산 거래 활성화를 위해 금융건전성 규제를 풀어서는 안 된다고 생각합니다. 거래를 활성화하기 위해 DTI, LTV를 푼다면 부동산 거래 활성화에는 별 도움이 되지 않고 가계부채는 더 늘어날 가능성이 높습니다. 오히려 부동산 가격상승 기대 심리를 부추긴 그동안의 정책을 반성하고 억지로 가격을 떠받치려는 인위적 부양책들을 다시는 동원해서는 안 된다고 생각합니다.

제 | 그렇다면 빚을 얻어 집을 샀다가 원리금 상환 부담으로 생활

고를 겪는데, 막상 집을 팔아 해결하려 해도 팔리지 않아 고통을 겪는 '하우스푸어' 가구는 어떻게 해야 할까요?

안 | 대출을 해준 은행 등 금융회사가 만기를 연장해주고 변동금리를 장기고정금리로 전환해주는 등 부채 구조조정에 협력해야 한다고 생각합니다. 그래서 소득 범위 내에서 갚아나갈 수 있도록 배려해주는 것이죠. 근본적으로는 우리나라의 주택 대출도 선진국처럼 20~30년 만기의 장기대출 형태로 갈 필요가 있다고 봅니다.

제 | 신용등급이 낮아 은행을 이용하기 어려운 사람들 중에는 제2금융권과 대부업체 등에서 고금리 대출을 쓴 뒤 이를 갚지 못해 막다른 골목에서 사채까지 썼다가 살인적인 고금리와 폭력적인 빚 독촉에 시달리는 사람들도 많습니다. 정부가 최근 대대적으로 사금융피해 구제에 나서기도 했습니다만 근본적인 변화는 기대하기 어려운 것 같은데요, 어떤 대책이 필요하다고 보십니까?

안 | 우선은 불법적인 부분에 제대로 대처해야 합니다. 우리나라의 범죄율이 계속 올라가고 있는데요, 경찰이 민생이나 안전 등에 대해 필요한 인력을 제대로 투입하지 못하고 있는 것 같습

니다. 시위 진압 등 다른 업무보다 불법 사금융 단속 등 민생 관련 범죄를 뿌리 뽑는 데 집중할 필요가 있습니다. 사채 피해자들이 신고를 해도 경찰이 제대로 처리를 해주지 못해 그냥 피해를 당하는 경우도 있었다고 하니까요. 또 서울시가 각 구청에 서민금융종합상담 창구를 설치하고 있는 것처럼, 전국의 각 지역마다 서민의 금융 애로를 해소하고 법률지원을 해줄 수 있는 전담 창구가 개설됐으면 좋겠습니다.

사금융업체들이 활개를 치는 것은 저축은행, 새마을금고 등 서민금융기관들이 제 역할을 못하고 있기 때문이기도 한데요, 이런 기관들이 소액서민대출에 집중하도록 유도하고 은행에서도 서민 대상 대출상품을 활성화해서 사금융 수요가 줄어들 수 있도록 해야 합니다.

제 ㅣ 정부는 그동안 중소기업 지원 등을 위한 정책금융을 유지해왔습니다만, 최근 이런 정책금융기관들에 대해 모두 민영화를 추진하고 있습니다. 반면 중소기업이나 저소득층을 위한 정책금융기관은 여전히 필요하다는 주장도 있는데요, 어떻게 생각하십니까?

안 ㅣ 중소기업과 서민을 위한 정책금융 기능은 유지되어야 한다고 생각합니다. 기업은행도 요즘은 중소기업 지원에 애쓰기보다는 수익 논리를 따라 가고 있는 것 같은데요, 우리나라의 중소기업 현실을 감안해서 집중적인 지원을 할 수 있도록 전담 금융기관이 필요하다고 생각합니다. 물론 시중 은행 등 민간 금융회사들도 중소기업 지원을 늘려야 하고요. 서민금융도 시중은행이나 제2금융권의 민간회사들을 통해 다양한 제도를 시행하고 있지만 부족한 형편인데, 복지차원에서 저소득층 금융지원을 전담할 정책금융기관이 있어야 하지 않나 생각합니다.

교육 개혁을 넘어
사회 개혁을
입시 경쟁 사교육과 학교폭력

제 | '공교육은 죽었다'고 얘기할 정도로 사교육의 위세와 영향력이 큰 게 우리 사회입니다. 아이들은 학원에서 선행학습을 하고 학교 수업시간에 잠을 자는 경우도 많고요. 부모들은 사교육비 부담 때문에 허리가 휩니다. 어떻게 우리 공교육을 살리고 사교육의 부담에서 부모와 아이들을 해방시킬 수 있을까요.

안 | 교육문제는 국민들을 너무 고통스럽게 만들고 있죠. 사교육비 부담이 집값, 전셋값 같은 주거비 부담만큼 등을 휘게 만들고요. 더 중요한 문제는 지금 내가 허리띠를 졸라매고 아이들을 위해 희생하면 내 아이들은 좀 더 나은 미래를 살아갈 것이라는 희망을 더 이상 가질 수 없는 계급사회가 되고 있다

는 것입니다. '개천에서 용 난다'는 계층 이동의 희망이 우리 사회를 활기차게 만든 에너지였는데 이제는 그게 없어졌습니다. 서울 아이들 특히 강남 아이들이 좋은 대학 가고 좋은 직장에 취직하는 부의 대물림이 교육을 통해 더욱 심해지고 있어요. 이런 닫힌 사회, 계급사회는 정의롭지 못합니다. 미래도 없죠. 절망을 희망으로 바꾸기 위해 근본적인 변화가 필요합니다.

교육이라는 것이 사회구조의 종속변수라 교육 자체를 개혁하는 것만으로는 크게 바뀌기 어렵습니다. 근본적인 사회구조 개혁이 전제되어야 합니다. 중장기적으로 사회의 인센티브(incentive) 시스템 개혁이 이루어져야 하는데요, 대기업 사원, 변호사, 의사, 공무원 같은 직업만 안정적으로 돈을 많이 번다면 모든 대학교가 여기에 맞출 것이고, 거기에 따라 초등학교 교육까지 영향을 받을 것입니다. 사회의 인센티브 구조를 바꾸기 위해서는 대기업만이 아니라 중견기업도 좋은 일자리가 되어야 하고 지방에도 좋은 일자리가 많이 만들어져야 해요. 예를 들어 공기업이나 대기업 본사가 지방으로 이전하도록 인센티브를 주는 방법이 있죠. 지방대에서 공부를 열심히 하면 해당 지역 할당제로 채용될 수 있게 하는 겁니다. 또 지방 이전을 하지 않은 대기업도 지방대 출신에 채용 인원의 일정 부분을 할당하면 큰 자극제가 되겠죠. 또 창업 활성화를 통해 재기할 수 있는 기회를 만들면 사람들이 구태여 일류대에 목을 매지 않을 것입니다.

단기적으로 입시제도는 정권이 바뀌더라도 가급적 안 바꾸고 안정적으로 가는 것이 좋겠다고 생각하는데, 다만 대입전형과정에 농어촌전형과 기초생활수급자 및 새터민 등 소외계층에 기회를 주기 위한 기회균등전형의 정원이 늘어나는 것은 바람직합니다.

제 ㅣ 우리나라 초중고생들은 기를 쓰고 선행학습 경쟁을 하는데, 막상 대학에 들어가면 기초학력이 부족하다는 얘길 듣고, 세계적 경쟁에서는 창의성이 부족하다는 평가를 받습니다. 왜 그럴까요?

안 ㅣ 교육 개혁을 위해서 사회의 인센티브 시스템이 바뀌어야 한다고 말씀드렸는데, 그것뿐만 아니라 학교 교육 자체도 창의력을 기르는 쪽으로 바뀌어서 기업에서 그러한 인재들을 원하도록 해주어야 합니다. 제가 미국에서 공부를 할 때였어요. 외국인 교수들이 한국인 학생들의 특징을 이야기할 때 하나같이 하는 말이 있었습니다. 한국 학생들은 리포트를 작성하거나 과제를 수행하는 과정에서는 단연 으뜸이고, 특히 답을 찾아내는 데는 귀신 같은 소질을 보인다는 거예요. 그런데 한국인 학생들에게 다른 방법을 생각해봤냐고 물어보거나, 방법이 제대로 정립되지 않은 새로운 분야의 일을 주면 당혹스러워한다는 얘기였습니다.

사실 이런 문제점은 제가 학생들을 가르치면서도 종종 느꼈던 것들이었는데요, 대개 익숙한 문제의 정답을 찾는 데에는 뛰어나지만 그 답을 찾는 과정에서 유추되는 질문이나 전혀 다른 시각으로 접근하는 것에는 약하다는 생각이 들었어요. 스스로 좋은 질문을 던지는 데도 익숙하지 않았고요.

사실 이런 현상은 학생 개개인의 능력이나 성향의 문제가 아니라 우리나라 교육시스템이나 환경의 문제 때문이라고 생각됩니다. 소위 영재라고 불리면서 뛰어난 학습 능력을 보이는 학생들에게 '속도', '문제해결', '결과'만을 강조하는 우리나라의 교육 현실에서 학생들이 학습의 과정에 대한 심도 있는 분석을 통해 새로운 시각으로 접근하기가 쉽지 않은 것이죠. 이미 해답이 나온 것을 찾는 데만 익숙해지면 답이 나오지 않는 불확실한 환경에 대한 대처가 서툴 가능성이 매우 높습니다. 사실 세상일은 참고서나 교과서에 나오는 것처럼 딱 부러지게 해답을 찾을 수 있는 게 오히려 드물죠. 그렇다 보니 우리나라는 남들이 먼저 만들어놓은 것을 좀 더 세련되게 모방해서 1등을 하는 것에는 탁월하지만 새로운 것을 만들어내는 데는 취약하죠. 지금 우리나라가 세계시장에서 1등을 하는 반도체도 우리가 처음 만든 게 아니죠.

21세기는 창의력의 싸움이라고 해도 과언이 아닙니다. 누가 더 창의적이고 기발한 발상으로 전혀 새로운 것을 창조해내느냐가 21세기 주도권을 움켜쥐는 열쇠라 해도 과언이 아닙니다. 당연하다고 생각되는 것을 의심하고, 더 나아가 좋은 질문을 할 줄 아는 사람, 그리고 남들이 해놓은 방법을 따르지 않고 새로운 방법을 찾으려고 노력하는 과정에서 생겨나는 것이 창의력입니다.

제 | 그렇다면 어떻게 해야 창의력을 높일 수 있을까요?

안 | 창의력을 갖추려면 무엇보다 좋은 질문을 할 줄 알아야 합니다. 좋은 질문을 하려면 우선 호기심이 기본이고요. 사물을 있는 그대로 받아들이지 않고 '왜?'라는 질문을 던져야 합니다. 제가 컴퓨터 바이러스 백신 프로그램을 개발하게 된 것 역시 호기심에서 비롯된 것이었어요. 원래 어릴 적부터 혼자서 뭔가 만드는 것을 좋아했던 저는 매사에 호기심이 많은 아이였죠. 컴퓨터를 처음 접했던 1982년의 가을에도 저는 넘치는 호기심을 주체하지 못했어요. 그 후 온갖 컴퓨터 관련 서적을 섭렵하였고 그러던 중에 '컴퓨터 바이러스'라는 용어를 보게 됐어요. 당시 의대생이었던 저는 바이러스라는 용어에 묘한 친

밀감을 느꼈고, 도대체 컴퓨터에는 어떤 바이러스가 있다는 것인지 호기심을 가지게 됐습니다. 그러다가 내가 가진 컴퓨터가 바이러스에 감염되는 경험을 하게 되자 아예 백신 프로그램을 만들자는 생각을 한 것이죠. 그동안 국내에서는 이 분야에 대한 이렇다 할 연구가 없었던 터라 도대체 왜 이런 바이러스가 생기는 것인지, 어떻게 바이러스를 제거할 수 있는지 등 스스로 질문을 하며 백신 프로그램을 만들어냈습니다.

사실 제가 속한 세대는 전형적인 문제풀이 위주의 세대라고도 할 수 있어요. 그런데 저는 어릴 적의 경험 덕분에 좋은 질문을 할 수 있는 훈련이 가능했어요. 어릴 적에 공부를 못하다 보니 주변 사람들의 기대도 적어서 읽고 싶은 책을 마음껏 읽을 수 있었는데, 인문학에 대한 관심과 독서가 이공계에서도 인문학적 감성을 유지할 수 있는 힘으로 작용했어요. 그걸 바탕으로 이공계 공부를 하다 보니 좋은 질문을 던질 수 있는 능력이 갖추어졌던 것 같아요. 한 분야만 공부하고 성적이 좋았더라면 던지지 못할 질문들을 다른 분야의 기본을 갖추니 하게 된 것이죠. 속도, 문제해결, 결과만을 강조하는 교육 대신 많이 읽고 생각하게 하는 교육이 필요하다고 생각합니다.

제 ┃ 그런데 현재 우리나라 교육은 폭넓은 소양을 키워주기보다 입시공부에 집중하게 하고 있습니다. 특히 고등학교 때는 문과와 이과를 나누어 배우는 과목도 차별화하고요.

안 | 창의력을 키우는 교육을 위해서는 주입식이 아닌 토론식 교육
을 병행하는 등 여러 가지 방법이 있을 수 있지만, 가장 현실
적인 것 중의 하나로 문과와 이과를 통합할 필요가 있다고 생
각합니다.

흔히들 영어를 잘하면 적성과 상관없이 문과로 가고, 수학을
잘하면 무조건 이과를 가곤 하지요. 그런데 제가 이과와 문과
두 분야 모두를 공부하고 일을 해보니, 그런 접근 방식은 문제
점이 많더군요. 예를 들어서 와튼 스쿨에서 경영학을 공부할
때, 재무분야를 잘하기 위해서는 수리적인 이해능력이 필수적
이라는 것을 알게 되었습니다. 즉, 수학을 못하고 영어만 잘한
다고 문과를 가는 구조하에서는 세계적인 금융전문가가 나오
기가 힘들다는 것을 깨달았어요. 반면에 공학, 특히 IT 부문에
서는 첨단기술에 대한 정보들이 매일 영어로 쏟아지는데, 영
어를 잘하지 못해서 빨리 따라잡지 못하면 세계적인 IT 전문가
가 되기는 힘든 상황입니다. 스티브 잡스가 "애플이 성공한 이
유는 기술뿐만 아니라 인문학이 기반을 이루었기 때문"이라고
말한 것은 널리 알려진 사실이죠. 우리나라 교육의 문이과 통
합도 이런 관점에서 추진할 필요가 있습니다.

제 | 현행 고등학교 교육과정에서 국사는 선택과목입니다. 이에 대한 논란이 많은데 교육자로서 어떻게 생각하시나요?

안 | 저는 국사뿐 아니라 세계사도 필수과목이 돼야 한다고 생각합니다. 사람과 동물의 가장 큰 차이점은 동물의 경우 주어진 그 순간만 생각하고 반응하지만, 사람은 그전에 일어났던 일과의 맥락(context) 속에서 판단하고 행동한다는 점이죠. 그래서 사람들은 같은 상황에서도 다른 판단과 행동을 할 수 있습니다. 대한민국 국민으로서, 그리고 세계 시민으로서 국사와 세계사를 모르고 지금 당장 필요한 지식만 익히는 접근방법은 문제가 많다고 생각합니다.

또 조금 다른 문제이긴 한데, 학교에서 체육시간을 늘리고 다양한 스포츠를 즐길 수 있게 해서 아이들의 몸과 마음이 건강해질 수 있도록 해야 한다고 생각합니다. 적극적으로 뛰고 놀게 했더니 학교폭력이 줄었다는 연구 결과도 있더군요. 이와 함께 글쓰기와 그림, 악기 교육도 적극적으로 늘릴 필요가 있고요.

제 | 우리나라에서 사교육의 영향력이 워낙 크다 보니 경제적인 능력에 따라 교육기회에 큰 차별이 생기기도 하죠. 가난 등 취약한 여건 때문에 교육기회가 부족한 아이들을 배려할 수 있는

방법은 없을까요?

안 │ 교육의 선순환을 위해 튜터링시스템을 도입하는 것도 하나의
방안이 될 수 있겠습니다. 예를 들어 전국 대학생 중 중산층
이하, 차상위계층(정부로부터 기초생활보장을 받는 수급대상은 아니
지만 바로 그 위의 잠재적 빈곤계층) 학생들을 선발해서 이들을 차
상위계층 이하 중고생들에게 가정교사로 연결시켜주는 겁니
다. 형편이 어려운 대학생들은 편의점 아르바이트 대신에 가
정교사를 하면서 학비를 마련하고, 제대로 교육받을 기회가
부족한 중고생들에게는 교육기회의 평등을 제공해줄 수 있을
것입니다. 튜터링 과정에서 일정한 성과를 이룬 대학생들은
공기업 등에 지원할 때 가산점을 준다면 더 적극적인 참여를
유도할 수도 있겠지요.
물론 다른 모든 공공사업과 마찬가지로 처음 시도할 때는 소
규모의 시범 사업으로 시작해서 비용과 효과를 검증받은 후
재정의 우선순위에 따라 점차 확대하는 수순을 밟는 것이 좋
겠습니다.

제 │ 우리 경제의 경쟁력을 유지하기 위해서 평생교육이 중요하다
고 강조해오셨는데요, 어떤 방향으로 어떻게 평생교육 체계를
확충해야 할까요?

안 | 지금은 학교를 졸업하고 사회에서 일하는 사람들이 각자 자기 분야에서 전문성을 계속 유지하거나 직업을 바꾸기 위해서도 평생교육이 필수적인 시대입니다. 그러나 우리나라의 평생교육에 대한 투자비는 OECD 국가들 중에서 가장 낮은 수준이에요. 왜냐하면 우리나라 부모들은 대부분 자녀들 교육에 돈을 쓰느라 자신들의 경쟁력 강화를 위해 투자할 여력이 없거든요. 앞으로는 평생교육이 얼마나 중요한가에 대해 사회적으로 공감대를 형성해야 하고, 기업들은 적극적으로 직원들이 공부할 수 있도록 인센티브를 주어야 합니다. 또 인구변화추세에 따라 전문대학의 학생이 줄어들면서 구조조정이 필요한데요, 외국의 커뮤니티칼리지처럼 주말이나 야간에 성인들이 필요한 부분을 공부할 수 있도록 평생교육센터로 전환하는 것도 진지하게 추진할 필요가 있습니다. 또 교육방송도 적극적으로 활용할 필요가 있다고 봅니다.

제 | 평생교육을 위해 교육방송을 어떻게 활용할 수 있을까요?

안 | 교육방송인 EBS의 경우 지상파로는 TV와 라디오 두 개의 채널이 있고, 위성과 케이블로 방송되는 채널이 세 개, 그리고 위성 DMB로 방송되는 유아, 어린이 채널이 하나 있는데, 케이블 채널 중 하나는 수능이고, 하나는 영어, 또 다른 하나는

초중등 교육과 직장인을 위한 직업방송을 겸하고 있더군요. 한 개의 교육방송 채널이 초중등과 직장인을 모두 담당하는 것도 문제지만 영어방송이나 특정 콘텐츠를 다시 보려면 유료결제를 해야 하는데 비용이 상당합니다. 얼마 전에는 수능방송 교재 비리 사건이 터져 나온 적도 있고요. 방송매체 중에서 가장 공공성이 높아야 할 교육방송이 교재를 팔거나 다시 보기 서비스 등 영리사업을 벌이고 있는 이유는 결국 재원 때문이겠죠. 우리가 내는 수신료 중에서 EBS는 2.8%인 162억 원, 한국전력이 6.8%인 391억 원을 가져가더군요. 국민이 내는 수신료를 정당한 사용목적에 포함된 EBS보다 수수료 징수를 대행하는 한전이 더 많이 가져가는 상황, 이건 비합리적이죠. 그만큼 아무도 관심 있게 살피지 않는다는 뜻인 것 같고요.

제 | 그렇다면 어떤 개혁방안이 필요할까요?

안 | 교육방송 채널을 이용하면 예산에 비해 효과와 경제성이 뛰어난 사회교육시스템을 만들 수 있다고 봅니다. 유아, 초, 중, 고에 특화된 교과뿐 아니라 일자리 정보, 실직자, 노령자, 자영업자를 위한 정보제공과 재교육, 여성과 청소년의 진로, 좋은 강연과 다양한 어학교육에서 문화와 교양까지 국가가 고품질의 교육을 제공하는 것이죠. 이것은 따로 큰 예산을 편성하지

않아도 가능하고, 각 지역의 대학들과 연계해서 온오프라인 과정을 열 수도 있어요. 여기에 우리가 강점을 가진 첨단 IT 기술과 융합시키면 방송 중심에서 인터넷과 모바일 서비스까지를 고려한 N-스크린(영화나 음악 등 콘텐츠를 TV나 PC, 태블릿 PC, 스마트폰 등 여러 가지 기기에서 중간에 끊김 없이 계속 이용할 수 있게 해주는 서비스)형 콘텐츠를 만들 수도 있고요.

수능채널의 경우에도 개인형 미디어를 활용하면 기존의 단순 강의중계에서 벗어나 양방향 콘텐츠로 개개인의 참여를 높일 수 있고, 주입식 학습방식을 바꾸는 데 획기적인 역할을 할 수도 있습니다. 이렇게 한다면 방송뿐 아니라 각 연관 산업이 발전하고 일자리도 늘어날 수 있는데, 현재는 그냥 방치되어 있는 셈이죠. 결국 모두가 관심의 문제이고 발상의 문제라고 봅니다.

제 | 신문과 방송에 자주 사건기사로 등장하는 것처럼 학교폭력이 심각합니다. 불안과 우울증에 시달리다 스스로 목숨을 끊는 아이들, 파괴되는 가정도 많습니다. 원인이 뭐라고 생각하세요? 그리고 어떤 대책이 필요할까요?

안 | 근본적으로 학생들의 입시 스트레스가 폭력성이나 반항으로 표출되는 것 같습니다. 학교 역시 입시 경쟁 성과에 매달리느

라 학생들의 인성과 인권교육에 소홀한 것 같고요. 초등학교 마저 선행학습을 하고, 공교육의 가치가 떨어지면서 교사의 권위가 서지 않죠. 교사들도 책임감을 갖고 학생들을 적극적으로 살피고 따끔하게 야단도 치고 애정을 갖고 끌어주면 좋겠는데, 모두가 그렇게 하시는 것 같지는 않고요. 학교교육이 입시 경쟁을 벗어나 총체적인 전인교육으로 전환되어야 하는데, 그러려면 교사와 학교 경영진, 학부모들이 이런 방향에 대해 공감하고 협력해야 합니다.

우리나라 학교에서 인성교육이 소홀해지는 것은 아까 말씀드린 것처럼 속도위주 교육, 문제풀이 중심 교육, 결과위주 교육 때문이라고 생각합니다. 성과주의, 1등이면 뭐든 용서되는 교육 풍토를 바꿔야지요. 수단 방법 가리지 않고 무조건 이기는 게 목표가 아니라, 함께 잘 사는 사회가 목표가 되어야 하고, 아이들이 잘할 수 있는 길을 찾아주는 게 교육의 목적이 되어야 합니다. 그러려면 사회 전체가 함께 변해야 하고요.

이제는
신재생에너지 시대로
일본 원전 사태에서 배우는 교훈

제 ┃ 지난해 3월 일본 후쿠시마에서 원전 사고가 난 후 독일, 스위
스 등 여러 나라들이 '탈원전'을 추진하고 있습니다. 반면 이
명박 정부는 '원전의 안전성을 높이면 된다'며 원전 중심의 에
너지 정책을 고수하겠다는 입장입니다. 정부의 계획은 현재
21기가 가동되고 있는 원전을 오는 2024년까지 35기로 14기
더 늘려서, 우리나라 발전량에서 원전이 차지하는 비율을 현
재의 32%에서 오는 2030년까지 59%로 높이겠다는 것입니다.
어떻게 생각하십니까?

안 ┃ 지난 2월 일본 출장에서 소프트뱅크 회장인 손정의 씨를 만났
는데 원자력 에너지가 결코 안전하지 않다고 강조하더군요.
장기적으로 비용도 싸지 않고요. 손정의 씨는 사재 1,500억

원을 내서 후쿠시마 어린이들을 위한 재단을 만들어 활동을 시작했더군요.

영국의 경제주간지 〈이코노미스트〉가 얼마 전 커버스토리로 다룬 내용인데요, 처음 원자력 발전소가 지어질 때의 가정은 '장기간 안전하고' '장기간 비용이 싸다면' 미래의 에너지원이 될 수 있다는 것이었답니다. 그러나 지금 와서 보면 안전하지도 않고, 핵폐기물 처리와 사고 수습 등 모든 비용을 감안하면 결코 싸지도 않다는 것이 입증됐다고 지적했습니다.

그러니 원전을 늘리지 말고 기존의 원전도 차츰 줄여나가려고 노력해야 합니다.

눈앞의 이익이라는 논리로만 따지다 보니 우리나라가 사람 목숨 값이 싼 나라가 됐는데요, 지금은 국민들의 생명을 담보로 하거나 사람들에게 위해가 될 가능성이 있는 것을 국가가 경제논리만으로 일방적으로 결정해서는 안 된다고 봅니다.

제 | 국내 원전 전문가들은 우리나라 원전이 일본 등 다른 나라의 원전에 비해 설계 자체가 훨씬 안전하게 되어 있고, 앞으로 안전성을 더욱 강화할 것이기 때문에 사고의 위험성을 전혀 걱정하지 않아도 된다고 말합니다. 어떻게 봐야 할까요?

안 | 안전이라는 것은 기술과 제도, 문화의 측면에서 바라봐야 하

는데 너무 기술 관점에서만 본 얘기라고 생각합니다. 우리가 갖고 있는 기술에 대해서도 과연 완벽하냐는 반론이 있고요, 설령 안전하다 하더라도 안전성을 담보할 수 있는 제도가 치밀하지 않고, 일하는 사람들의 문화도 고리 사고를 은폐한 사례에서 볼 수 있듯이 만일의 가능성에 대비해서 최선을 다해 사고를 줄이는 문화가 아닙니다. 기술이 앞서가더라도 제도나 문화적 요인 때문에 일본 같은 사고가 날 가능성이 있다고 생각합니다.

제 │ 원전 의존이 불가피하다고 주장하는 사람들은 또 우리나라는 다른 선진국들과 달리 조선, 석유화학, 자동차 등 에너지수요가 많은 산업을 주축으로 하고 있기 때문에 대량의 전기를 안정적으로 공급할 수 있는 원전이 꼭 필요하다고 합니다. 여기에 대해서는 어떻게 얘기할 수 있을까요?

안 │ 산업구조 자체가 에너지 소모가 많다고 하더라도 현재 에너지가 과소비되는 측면이 강하므로 먼저 에너지 효율화를 통해 에너지 소비를 줄일 수 있다고 봅니다. 지금과 같은 한국전력의 재정상태는 지속가능하지 않다고 보는데 산업용 전기료를 현실화하고 과도한 전력소비를 줄여나가는 노력이 필수적이라고 봅니다.

구글이나 페이스북 같은 인터넷 회사들도 일찍부터 절전형 컴퓨터를 만들기 위해 R&D 투자를 하던데, 우리 기업들도 절전기술과 이를 이용한 상품을 개발하기 위해 적극적으로 노력해야 한다고 생각합니다. 기술적으로 충분히 가능할 것이라고 보고요.

대형 자동차처럼 에너지를 많이 소비하는 제품에는 탄소세를 부과하고 반대로 경차 등 에너지 저소비형 제품에는 인센티브를 주는 방향으로 가야겠지요. 건물이나 생산시설에 에너지 효율화 투자를 하는 것을 지원하고, 대중교통도 더 확충하여 자동차 운행을 줄이는 노력도 필요하고요. 이렇게 해서 원전에 대한 의존도를 줄이면서 신재생에너지를 포함한 대체에너지를 적극 개발해야 합니다.

제 | 독일도 우리와 비슷한 제조업국가인데 신재생에너지체제로 성공적으로 전환하고 있죠. 우리나라는 에너지 효율이 OECD 평균의 절반, 일본의 3분의 1 수준으로 아주 낮다고 하는데, 에너지과소비구조를 개선하는 일이 시급한 것 같습니다. 그런데 신재생에너지 산업과 관련해서 우리나라는 국토환경과 기후여건상 대량의 태양광, 풍력 발전 등 신재생에너지의 안정적 공급이 어렵다는 주장도 있는데요. 과연 그런가요?

안 | 신재생에너지 관련해서는 다른 접근 방법이 가능하다고 생각합니다. 대규모 발전소를 건설하기 위해서 최적의 입지조건을 가진 곳을 찾으려고 한다면 만족스러운 곳을 찾기 힘들 수 있지만, 발상을 전환해서 작은 규모의 발전소를 스마트그리드(Smart Grid, 기존의 전력체계에 정보기술(IT)을 접목, 전력의 공급자와 소비자가 양방향으로 실시간 정보를 교환함으로써 에너지 효율을 최적화하는 지능형 전력망)로 연결한다면 입지조건에 대한 제약점은 줄어들 것입니다. 지역 단위 분산형 발전을 추진하고 스마트그리드로 연결하면 효율적인 생산과 소비가 가능하겠지요.

일반적인 IT 기술의 경우는 시장논리에 따라 좌우되지만 신재생에너지는 국가적 인프라에 해당되기 때문에 연구개발, 확산, 시장형성의 과정 전반에 정부의 적절한 관여 여부가 성패를 좌우할 수 있습니다. 가능성이 보이는 분야에 국가예산으로 R&D를 추진하고, 발전차액보상제(FIT: Feed in Tariff, 신재생에너지의 투자경제성을 높이기 위해 신재생에너지 발전으로 공급한 전기의 거래 가격이 지식경제부장관이 고시한 기준가보다 낮은 경우, 기준가격과 전력거래와의 차액을 정부에서 지원해주는 제도)의 문제점을 보완해서 재도입하는 방법 등으로 국가가 보급을 지원한다면, 결과적으로 수출가능한 산업도 만들어지고 일자리도 창출할 수 있을 것입니다. 에너지 가격도 점진적으로 낮아질 것이고요.

또 경우에 따라서는 국제 협력도 가능합니다. 국가 간 연구협력을 통해서 위험을 분산시키거나, 손정의 회장의 주장처럼 고비사막에 대규모 풍력발전기들을 설치하고 이를 한국을 거쳐 일본까지 연결하는 '아시아 슈퍼그리드'를 만드는 일에 여러 국가들이 협력해서 투자할 수 있을 것입니다. 입지조건이 좋은 외국의 발전시설 건설에 투자하고 이를 스마트그리드로 연결함으로써 에너지 평균 단가를 낮추면 국가별로 전력 예비율을 확보할 때에 비해 훨씬 적은 비용으로 에너지 낭비를 줄이고 안전을 확보할 수 있을 거예요.

제 ｜ 신재생에너지 투자가 원전 신증설에 비해 더 많은 일자리를 창출할 것이라고 볼 수 있을까요?

안 ｜ 중후장대형 원전에 비해 분산형 신재생에너지 산업에서 더 많은 일자리가 나올 것입니다. 예전에 소프트웨어 산업에 대해 당시의 주무장관이 "처음엔 산업규모가 왜 이렇게 작은가 하고 놀랐고, 작은데 왜 이렇게 사람이 많은가 하고 두 번 놀랐다"며 "비효율적인 산업"이라고 말한 적이 있어요. 그때 저는 "거꾸로 생각해보시면 좋겠다"며 "작은 규모에 많은 사람들이 일하고 있다는 의미는 바꿔 말하면 고용 창출이 많이 되는 산업이라는 뜻이니, 조금만 육성하면 엄청나게 일자리가 많이 만들어질 것"이라고 강조했죠.

원전을 건설하고 운영하는 데는 소수의 인력이 필요하지만, 신재생에너지 분야는 우리가 신중하게 분야를 잘 택하기만 한다면 연구개발, 건설, 유지 등에 훨씬 많은 일자리가 창출될 것입니다. 독일 등 신재생에너지 투자에서 앞서가고 있는 유럽 선진국들이 이미 입증하고 있는 사실이죠.

수출로 먹고사는 나라는
무조건 FTA 하라고?

식량 안보 시대에 우리 농업이 살 길

제 ⏐ 얼마 전 미국에서 광우병이 또 발생했습니다. 광우병 쇠고기 문제는 이명박 정부가 한미 FTA 성사를 위해 우리의 검역주권을 포기했다고 해서 촛불시위까지 불렀던 사안인데요, 어떻게 생각하십니까?

안 ⏐ 광우병 촛불집회를 낳은 이명박 정부의 문제는 우선 과정관리에 있었다고 생각합니다. 민주주의에서 중요한 것은 절차, 과정, 많은 사람의 동의 얻기라고 생각합니다. 필요한 정보를 투명하게 공개하고 결정 과정에 대해 국민의 의문을 풀어주려는 노력이 필요한데, 이게 제대로 안 됐다고 생각합니다. 그리고 미국산 쇠고기의 광우병 위험성에 대해서는 학자들의 의견이 엇갈려 공개토론이 필요하다고 생각하지만, 이제 우리나라의 위치에서는 아주 낮은 확률이라도 인명에 위해를 끼칠 수 있는 사안에 대해서는 더 이상 경제적 논리만을 내세우지 말고 보수적으로 접근하는 것이 옳다고 생각합니다.

제 ┃ 한미 FTA가 논란 끝에 발효됐고, 국론은 환영, 일부재협상, 전면재협상, 폐기 등으로 나뉘어 있습니다. 어떤 입장이신가요?

안 ┃ 협정 발효 전과 후의 입장이 다를 수밖에 없다고 생각합니다. 이미 발효가 된 상황에서 정권이 바뀌었다고 폐기한다면 국가 간의 신의를 저버리는 일이고, 국제사회에서 신인도가 추락할 우려가 있습니다. 따라서 폐기보다 면밀한 분석을 통해서 수정이 필요한 부분에 대해 적극적인 재재협상을 벌여야 합니다. 그리고 앞으로는 관련 정보가 최대한 투명하게 공개돼야 하고 국회가 전문적으로 검토해야 한다고 생각합니다. 최근 외환은행을 팔고 떠난 론스타가 우리 정부를 투자자국가소송제(ISD, 외국에 투자한 기업이 투자국 정부의 정책 등으로 경제적인 피해를 봤을 때 해당 국가를 세계은행산하 국제투자분쟁해결센터(ICSID) 등에 제소할 수 있는 제도. 론스타는 한-벨기에 투자보장협정상의 ISD조항으로 제소를 추진 중)를 통해 제소할 움직임을 보이고 있는 것을 보더라도 FTA 조항 중 독소조항 문제는 결코 가볍게 볼 일이 아닙니다. 협상 전에 고려해야 했을 사안으로서, 한미 FTA를 먼저 했어

211

야 했냐는 아쉬움이 남습니다. 미국은 세계 최대 강국인데, 미국과 1 대 1 상황에서 균형 잡힌 협상을 할 수 있는 나라는 없을 것입니다. 또 협상과정 및 국회에서의 비준과정에도 문제가 있었죠. 민주적 절차가 지켜지지 않았고 상식적이지 않게, 소홀하게 진행됐다고 봅니다. 더 근본적으로는 '수출로 먹고사는 나라이기 때문에 무조건 FTA를 해야 한다'는 주장에 대해 회의적입니다. 고용 창출의 관점에서 보면 FTA를 통한 고용 창출 효과가 갈수록 떨어지고 있다는 연구결과가 있습니다. 따라서 FTA를 통한 고용 창출 효과와 내수 산업 촉진을 통한 고용 창출 효과 간에 근본적인 점검을 해봐야 할 때가 도래했다고 봅니다.

제 | 한-EU, 한미 FTA에 이어 한중 FTA가 추진되고 있습니다. 중국은 우리나라와 식생활, 농작물의 종류가 비슷한데다 가격 경쟁력은 몇 배로 뛰어나 농산물이 본격 개방되면 기존 FTA의 몇 배나 되는 타격이 불가피하다는 전망인데요, 한중 FTA를 추진해야 할까요.

안 | 한중 FTA는 지금처럼 공산품 위주, 총량 위주의 협상보다 식량안보에 대한 개념을 가지고 접근해야 할 것입니다. 중국과의 FTA가 농산물 시장을 대폭 개방하는 방향으로 이뤄진다면

우리나라 농업의 피해는 한-EU, 한미 FTA의 타격과는 비교도 되지 않게 커질 것입니다.

제 ǀ 우리나라는 이미 9개 국가와 FTA를 발효했거나 타결했고, 수십 건의 FTA가 또 추진되고 있습니다. 이런 동시다발적인 FTA 추진에 대해 어떻게 생각하시는지요?

안 ǀ 이제는 지금까지 발효된 FTA의 효과들을 객관적으로 점검해 보고 처음 생각했던 것과 어떠한 차이가 있는지를 신중하게 따져볼 시점이라고 생각합니다. 아까 말씀드린 것처럼 '수출로 먹고사는 나라이기 때문에 무조건 FTA를 해야 한다'는 주장에 대해 회의적입니다. 이미 경제의 대외의존성이 OECD 국가 중 최고 수준이어서 내수 키우기가 오히려 시급하고, FTA로 이익을 보는 집단과 손해 보는 집단이 분리돼 양극화가 심화될 수 있는 상황이어서 동시다발적으로 새로운 FTA들을 추진하면 이익보다는 피해를 키울 가능성이 있다고 봅니다. '스파게티 보울 이펙트'라고 해서, 동시다발 FTA를 하는 경우 국수 가락이 얽히듯 협정내용이 복잡하게 돼 유지관리비용이 더 많이 든다는 지적도 있고요.

지금까지 정부에서는 FTA에 대해 자화자찬과 장밋빛 전망만 강조했는데, 과연 그런 전망이 얼마나 들어맞았는지 꼭 점검해

봐야 합니다. 그리고 문제가 있었다면 그런 전망을 내놓은 기관에도 책임을 물어야 해요. 우리나라에는 정치·경제적 이해관계에서 벗어나 독립적으로 정직한 경제 분석을 내놓는 연구기관을 찾기 어렵다는 게 안타깝습니다. 언론에서도 이렇게 중요한 부분에 대해서는 나라의 미래를 위해서 객관적인 시각을 유지하면서, 비판할 것은 비판하는 태도를 견지하면 좋겠습니다.

제 | 과학기술이 발전하는데도 불구하고 세계적으로 식량부족이 문제가 되고 있고, 식량안보를 확보하는 것이 국가적 과제가 되고 있습니다. 우리나라는 특히 식량 자급률이 낮은 나라 중 하나인데요, 각종 FTA로 농업이 더욱 위협을 당하고 있습니다. 우리나라는 농업경쟁력이 약하기 때문에 제조업 수출을 많이 해서 돈을 벌고 식량은 값이 싼 국제시장에서 사 먹으면 된다는 전문가들도 있고, 식량안보를 위해 자급률을 높여야 한다고 주장하는 사람들도 있는데요, 어떻게 생각하십니까?

안 | 식량안보와 안전한 먹거리 확보를 위해서 농업기반을 지키고 식량 자급률을 높여야 한다고 생각합니다. 이미 세계적으로 식량 부족으로 가격이 오르고 있습니다. 미래의 일이 아니라 현재 진행형입니다. 장기적으로 가격이 오르는 것도 문제지

만, 단기적으로도 급격하게 변동되는 게 더 문제고요. 세계적인 식량난과 가격 급등에 따른 애그플레이션(agflation, '농업'과 '인플레이션'의 합성어로, 농산물 가격 상승이 물가 상승을 촉발하는 현상)으로 국내 물가도 타격을 입지 않았습니까. 중동과 아프리카에 '아랍의 봄'이 발생한 배경에 식량문제가 있었다는 것도 의미심장합니다. 게다가 우리는 이중, 삼중의 FTA로 농업이 큰 위기에 직면했습니다. 그런데도 정부는 물론 사회 전반에 식량안보의식이 너무 없는 것 같습니다. 농산물을 사오면 된다는 것은 안이한 생각입니다. 한때 쌀 수출국이었다가 시장 개방 후 농업이 무너지고 쌀 수입국이 된 필리핀의 교훈을 새겨야 합니다. 농업을 보호하고 식량 자급률을 높일 수 있도록 노력해야 합니다.

제 | 식량 자급률을 높이기 위해 어떤 정책이 필요하다고 생각하십니까?

안 | 일단 안정적인 공급을 유지하기 위해서 수요증진책이 필요한 것 같습니다. 우리 농산물을 소비하는 수요가 많아지도록 인센티브를 만들어야 합니다. 일시적으로 남아도는 쌀은 다시 대북교류가 시작된다면 대북식량 지원 등으로 잘 활용하면 해결될 것입니다. 일본 정부의 식재료자급률 향상 운동도 좋은

참고가 될 것 같습니다. 밀가루 소비량 중 10%는 쌀가루로 대체하는 운동, 국내산 식재료를 사용하는 외식업체에 녹색 등 달기 운동, 지역에서 생산된 농산물을 지역에서 소비하자는 운동 등이 추진되고 있지요. 또 FTA로 인한 농업피해를 보상하고 경쟁력을 키우기 위해 제도적인 보완장치들이 추가로 마련돼야 합니다.

농산물 유통구조를 개선하는 것도 중요한데요, 농협의 경제와 신용사업을 분리한 것도 농산물 유통을 보다 합리화하자는 취지일 텐데, 협동조합을 중심으로 한 유통구조의 개혁이 성공적으로 추진되어야 할 것입니다.

동시에 지나친 도시개발과 용도 변경으로 농지가 줄어들지 않도록 경작지 보호정책을 쓸 필요가 있습니다. 주로 쌀에 지불되는 직불제를 밀이나 보리 등 수입에 많이 의존하는 밭작물에도 적극적으로 확대하는 것, 친환경급식과 연계해서 지역농산물을 장려하는 것, 최근 서울시 등 지자체에서 장려하고 있는 도시농업을 확산시키는 등 다양한 방안이 종합적으로 추진되면 좋을 것입니다.

제 ｜ 우리나라는 기업농보다 가족단위의 소농이 지배적으로 많습니다. 이런 상황에서 농업의 경쟁력을 키우려면 어떻게 해야 할까요?

안 ㅣ 네덜란드 등 유럽의 경우처럼 지역별, 작물별 협동조합을 운영해서 소농들이 공동으로 경작하고 유통 브랜드도 만들어서 체계적으로 경영을 하면 좋지 않을까요? 사실 현재의 농협 조직도 이런 기능을 하라고 존재하는 것인데, 그동안 왜 잘되지 않았는지 철저하게 점검하고 분석해서 개혁할 필요가 있다고 생각합니다. 농협 조직이 정말 농민을 위해 일하게 하고 건강한 지배구조를 만들어야 하고요.

농촌의 정보화를 지원해서 직거래 오픈마켓 등 온라인 유통을 활성화하는 것도 좋을 것 같습니다. 저도 사과는 단골 농장에 인터넷으로 주문해 먹습니다. 나이 드신 농민들의 경우도 협동조합이나 농촌지도소 같은 데서 도움을 준다면 인터넷 판로를 개척할 수 있지 않을까요? 젊은 농민들이라면 SNS도 활용할 수 있을 것이고요.

정부가 FTA의 피해를 적극적으로 구제하면서 유기농 보급 등을 통해 우리 농산물을 '안전한 먹거리'로 고급화하도록 유도한다면, 소농 중심의 우리 농업에도 승산이 있다고 생각해요. 국책연구기관과 대학연구소 등을 통해서 농업의 R&D를 지원하고, 부가소득을 높이기 위해 지역의 관광과 문화자원도 개발하고, 농업관련 보험제도를 확충해서 안정적인 영농을 지원하면 우리 농업도 많은 일자리를 창출하는 신성장산업으로 탈바꿈할 수 있지 않을까요?

소통 부재와 개발만능주의
정부가 빚은 참극

강정마을과 용산 참사

제 | 제주도 강정마을에 해군기지를 건설하는 문제를 놓고 정부와
　　지역주민의 대립이 심각했습니다. 국가안보 및 개발논리와 환
　　경보존의 가치가 충돌한 셈인데요, 어떤 입장이신지요.

안 | 두 가지 관점에서 논의가 필요할 것 같습니다. 제주도에 해군
　　기지가 꼭 필요한가, 꼭 강정마을이어야 했으며, 주민들에 대
　　한 설득이 충분했는가가 그것입니다.
　　첫째, 제주도에 해군기지가 꼭 필요한가라는 문제에 대해서
　　는, 김영삼 정부부터 김대중, 노무현, 이명박 정부에 이르기까
　　지 서로 관점이 다른 4개의 정부가 판단하고 같은 결론을 내
　　렸습니다. 일반인이 접근하기 어려운 국가안보관련 정보와 자
　　료들을 근거로 고도의 정책적 판단을 내렸을 텐데, 대외 정책

에 있어서 각자 다른 색깔을 취해온 정부들이 모두 해군기지가 필요하다고 같은 결론에 도달했다면, 다른 정보가 없는 상황에서는 그 판단을 받아들이는 게 옳다고 생각합니다. 만약 옳지 않다면, 그 정부에 참여했던 분들이 당시 판단에 거짓이나 오류가 있었다는 점을 먼저 설명하고 반대하는 것이 정상적인 과정이겠지요.

둘째, 국책 사업은 당사자의 이해관계에 따라 무작정 지연시킬 수만은 없지만 강정마을을 입지로 선정하고 공사를 추진하는 과정에서 주민과 국민을 설득하는 데 최선의 노력을 다했는가라는 문제가 남습니다. 또한 김영삼 정부부터 20년간 추진된 과제가 당장 이번 정부 마지막 해에 추진되지 않으면 국가 위기를 맞을 상황인가라는 의문이 듭니다. 설득과 소통의 과정이 생략된 채 강행된 강정마을 공사는 무리한 것이었다고 생각합니다.

제 | 반대하는 주민들을 일일이 설득해야 한다면 국책사업마다 이해 당사자의 '발목잡기'가 계속될 것이고, 어떤 일도 추진하기가 어려울 것이라는 반론이 나올 수 있겠는데요.

안 | 그런 논리로 밀어붙일 게 아니라 주민들의 판단에 필요한 모든 정보, 공개입찰 내용과 반대급부 등을 소상히 공개하고 동

의를 구하는 것이 필요합니다. 강정마을의 경우 설명도, 동의를 구하는 절차도 부족했고 대다수 주민들을 소외시킨 채 기지 건설을 강행해서 문제가 커진 것이죠. 국가적으로 필요한 사안이라고 해서 이해 당사자인 주민들의 의사를 무시하고 밀어붙일 수는 없다고 생각합니다.

제 | 이명박 정부 들어 뉴타운 방식의 재개발이 추진되는 가운데 용산 참사 같은 비극적 사건이 발생했습니다. 앞으로 도시 재개발은 어떤 방식으로 이뤄져야 한다고 생각하시는지요?

안 | 거주민들을 고려하지 않고 개발논리만으로 밀어붙이다가 용산 참사 같은 사건을 초래했다고 봅니다. 앞으로는 도시를 재개발할 때 세입자 등 상대적 약자의 입장을 더 많이 고려하면서 사업을 추진해야 한다고 생각해요. 부동산 개발을 경기부양 논리로만 접근하면 서브프라임 사태(2007년 미국의 비우량(서브프라임)주택담보대출 시장의 부실화로 시작된 금융위기가 파생상품을 매개로 전 세계적 경제위기로 확산된 것. 저금리 환경에서 금융회사 등이 저소득층에게 무리하게 빚을 내 집을 사도록 부추기면서 문제가 시작됐다)처럼 결국 문제를 일으키게 됩니다. 앞으로 부동산 정책은 경기부양이 목적이 아니라 실거주자를 위해 수요공급을 맞추는 방향, 국민들의 주거복지를 높이는 방향으로 추진되어야

합니다.

제 | 수도권에 인구와 자금 등 모든 것이 집중된 현실에서 국토균
형발전의 노력이 필요하다는 주장과 수도권 규제를 완화해야
한다는 요구가 대립되고 있는데, 어떻게 생각하십니까?

안 | 국토균형발전 전략이 필요하다고 생각합니다. 선진국의 경우
를 보면 우리나라의 서울처럼 수도에 모든 것이 집중된 나라
가 드뭅니다. 지나친 집중은 오히려 경쟁력을 떨어뜨리고 사
회갈등을 조장하게 됩니다. 투자 효율성이 당장은 나아 보이
지만 장기적으로 바람직하지 않습니다. 행정수도를 세종시에
건설하는 것은 옳은 선택이라고 생각하고, 각 지역의 특색을
살려 중요시설을 분산해야 한다고 생각합니다. 각 지역이 고
루 개발되고 일자리가 생겨나게 해야 부동산투기의 압력도 완
화되고 사회 양극화와 갈등해소에도 도움이 될 수 있습니다.
수도권 규제를 완화해서 결과적으로 산업시설이 수도권에 더
밀집되도록 하는 정책은 지양해야 하며, 지역 분산을 촉진하
는 것이 오히려 서울과 경기도에도 바람직하다고 봅니다.

제 | 정부 부처의 세종시 이전이 최근 시작됐는데요, 한쪽에서는
청와대와 국회, 행정부가 떨어져 있어서 공무원들이 오가느라

비효율이 클 것이란 우려가 여전한 것 같습니다.

안 | 국회와 청와대는 서울에 있고 정부 부처는 세종시에 있으면 회의 하나를 해도 장차관들이 이동하는 데 시간을 다 허비한다면서 비효율성을 지적하는 사람들이 있죠. 그런데 국토의 불균형 발전, 서울 등 수도권으로의 쏠림 때문에 나타나는 더 큰 비효율성은 생각하지 않고 있어요. 그리고 정말 효율성을 원한다면 차를 타고 이동을 할 것이 아니라 비디오 컨퍼런싱(화상회의)을 활용하면 됩니다. 원격회의가 가능한 기술적인 기반이 다 갖추어져 있는데도, 굳이 모두가 얼굴을 맞대고 얘기해야 한다는 것은 비효율성을 넘어 구시대적 사고방식이라고까지 할 수 있어요.

대전에 여러 정부기관이 있는데, 이 기관장들 상당수가 서울에 자주 오가면서 길에서 시간을 다 보낸다는 얘기가 있더군요. 윗사람과 일을 하려면 얼굴을 직접 봐야 한다는 생각이 강하고요. 국회에서도 질의 응답을 위해 관련 직원들이 하루 종일 대기하고 있죠. 이런 생각을 가진 사람들이 정책 결정권자의 자리에 있으면 지역 균형발전이 표류할 수밖에 없죠.

제 | 4대강 사업을 두고 찬반의견 대립이 첨예했습니다. 이제 4대강이 완공됐지만 관리 비용이 엄청나게 들 것이라는 전망이어

서 또 다른 논란이 빚어지고 있습니다. 이 문제에 대해 어떻게 생각하시나요?

안 | 4대강 사업의 효과 여부를 떠나 과연 이렇게 단기간에 엄청난 국가재원을 쏟아야 할 만큼 국가적인 우선순위가 높은 사업이었느냐에 대해 회의적입니다. 사회적 합의가 부족한 상태에서 강행하기보다 제한된 구역 내에서 실시해서 성과가 있으면 점진적으로 확대하는 방향을 선택했어야 한다고 봅니다.

사업이 이미 진행된 현재 해야 할 일은 그 결과를 제대로 평가하고 향후 유지보수비 등을 정확하게 산출하는 것입니다. 만약 사업의 성과가 부정적이고 추가적으로 엄청난 돈이 들어야 한다면, 지금까지 들어간 돈을 성크 코스트(sunk cost, 매몰비용)로 보고 냉정한 결단을 내릴 수도 있을 것입니다.

제 | 정부가 고속철도(KTX)와 인천공항 등의 민영화를 추진하고 있어 찬반논란이 거셉니다. 민자사업으로 지하철 9호선을 건설했던 서울시는 요금 인상 파동 끝에 민자사업의 폐해를 지적하며 재매입하는 방안을 검토 중입니다. 공기업 민영화와 민자 유치 방식의 공공서비스 확충에 대해 어떻게 보시는지요.

안 | 과거에는 민영화가 효율성과 선진화의 상징인 것처럼 받아들

여질 때가 있었습니다. 별다른 고민 없이 모두가 그렇게 생각하는 경향이 있었는데요. 최근 '스테이트 캐피털리즘'(state capitalism, 국가가 특정기업을 직접 관리하면서 전반적인 경제활동에 국가의 역할을 강화하는 자본주의의 한 방향)에 대한 논의와 맞물려서 이제는 더 이상 공기업의 민영화가 만병통치는 아니라는 시각이 힘을 얻고 있습니다. 예를 들어서 중국의 차이나 텔레콤은 정부가 소유하고 있는데 민간 기업 이상의 경쟁력을 가지고 있다고 평가받고 있죠.

저도 모든 공기업의 민영화가 바람직한 것은 아니라고 생각합니다. 공기업의 성격에 따라 달리 봐야 하는데, 특히 국민의 생활과 관련해서 공공재로서의 성격이 있는 철도, 공항 등은 민영화하는 것이 옳지 않다고 생각해요. 서울 지하철 9호선의 경우도 민자사업방식의 폐해를 보여준 사례라고 할 수 있겠죠.

국가가 시민을 명예훼손으로
고발하는 코미디
언론사 파업 사태와 표현의 자유

제 ｜ MBC와 KBS 등 언론사들이 공정보도 등을 요구하며 장기간
파업을 벌였고, 이 중 MBC는 파업 참가자에 대한 무더기 해
고와 징계 등으로 특히 갈등이 컸습니다. 언론사들의 파업사
태에 대해 어떻게 생각하시는지요.

안 ｜ 지난 3월에 문화방송 노조와의 인터뷰에서 이런 말씀을 드렸
습니다.
"언론은 본질적으로 진실을 얘기해야 하는 숭고한 기능을 가
지고 있다. 진실을 억압하려는 외부의 시도가 있어선 안 되고
있다면 차단해야 한다. 어떤 정권이 들어서더라도 바뀌지 않
을 수 있는 그런 방법, 모두의 미래를 위해 계속 사명감을 갖고
진실을 보도할 수 있는 환경을 만들어주는 게 우리 모두의 중

요한 과제다. 이젠 한쪽으로 편중된 왜곡 보도를 하면 스스로 추락하는 것밖에 없다."

지금도 같은 생각인데요. 공공재로서 언론의 기능에 충실하기 위해 편집권의 독립은 꼭 필요하다고 생각합니다. 그리고 정권이 바뀐다고 언론의 논조가 왔다 갔다 하는 것은 곤란합니다. 우리나라의 국제적 위상에 비해 언론자유도가 아주 낮은 것은 부끄러운 일이죠. 올해에도 세계 87위, 중하위권으로 평가받거나, 부분적 언론자유국 정도로 분류되고 있으니 세계 10위권의 경제규모에 비하면 아주 부끄러운 일이지요.

앞으로 공영방송은 공정성을 담보할 수 있는 사장후보 추천위원회를 구성해서 정권과 무관한 전문가를 사장으로 선임할 수 있도록 확고한 시스템을 만들어야 할 것입니다. 그래서 정권이 바뀌더라도 이 시스템을 흔들 수 없게 해야 합니다.

제 ┃ MBC의 경우 방송 파행이 여러 달째 계속됐고, 노조의 사장 개인 비리 폭로와 회사 측의 해고 조치로 대립이 격화됐습니다. 현재의 사태가 어떻게 해결되어야 할까요?

안 ┃ 공영방송의 파행을 몇 달째 방치한다는 것은 안 될 일입니다. 누군가 중재를 하거나 결론을 내줘야 합니다. 우선 MBC 대주주인 방송문화진흥회 이사회가 1차적 책임을 지고 문제 해결에 나서야 하고, 여기서 해결이 되지 않으면 국회가 청문회나 국정조사를 통해 사건의 진상을 규명하고 해법을 제시해야 한다고 봅니다.

제 ┃ 정치권력의 압력으로 언론보도가 왜곡되는 현상과 함께 광고의 힘을 앞세운 자본에 의한 언론의 왜곡도 심각하다고 지적되고 있습니다. 이렇게 되면 여론의 왜곡이 정책의 왜곡으로 이어질 수 있는데요, 사회적으로 어떤 대안이 필요할까요?

안 ┃ 권위주의 시대를 지나면서 정치권력의 영향력은 상대적으로 약해졌지만 언론이 경제권력에 휘둘리는 일은 더욱 심해지고 있다고 생각합니다. 진보 성향의 언론조차 대형 광고주를 비판하기 힘들어 한다는 얘기가 있더군요. 우선은 언론 종사자 스스로가 편집권 독립을 위해 싸워야 한다고 생각하고요, 언론사들의 상호 비판과 시민사회의 감시와 견제도 활성화되어야 하지 않을까요? 기성언론이 제구실을 못하면서 SNS가 그 기능을 일부 대체하고 있는 추세죠. 이 때문에 거대 언론사가 어떤 흐름을 뒤집지 못하는 상황인데, SNS를 통한 대안 언론 활동이 기성 언론을 자극하고 비판하는 역할을 할 수 있다고 생각합니다.

제 | 2008년 광우병 쇠고기 때문에 벌어진 촛불시위 당시 정부는 광화문에 '명박산성'을 쌓고 시위대와 대치했습니다. 그 이후에도 시위 때마다 참가자 수보다 더 많은 경찰력으로 봉쇄하는 것이 일상화됐고요. 시민들의 집회에 대한 정부의 이러한 태도, 어떻게 보십니까?

안 | 옛날부터 우리나라에서 사람 모이는 것은 대개 잔치이고 좋은 일이라 여겨왔습니다. 오늘날 정부가 사람 모이는 것을 두려워한다는 것은 정통성이나 정당성에 대해서 자신감이 부족하기 때문입니다. 시민들의 목소리를 열린 마음으로 들으려는 정부의 태도가 필요하다고 생각합니다.

제 | 정부가 시민 집회에 대해서 '법질서 파괴 행위에 엄정하게 대처하겠다'며 법치주의 확립을 강조하는 일도 많은데요. 이 부분에 대해서 어떻게 생각하시는지요?

안 | 오랫동안 공직생활을 하신 분들 중에서도 의외로 법치주의에 대한 근본적인 이해가 부족한 분들이 있는 것 같습니다. 법치란 말 그대로 '법에 따라 나라를 다스린다'는 뜻입니다. 옛날 절대군주 시절에는 통치자가 자신의 생각대로 나라를 다스렸습니다. 그러다 보니 폭군이 권력을 잡을 때는 자기 마음대로

폭압적 권력을 휘두르고 국민들을 짓밟는 일들이 다반사였죠. 이렇게 사람이 자의적으로 나라를 다스리는 '인치'의 교훈으로로부터 탄생한 것이 '법치'입니다. 누가 권력을 잡더라도 자의적인 권력 행사에 의해 국민의 기본권이 침해되지 않도록 법 제도를 만든 것이지요. 즉, 법은 국민을 위한 보호장치인 셈입니다. 이제는 아무리 흉악하고 포악한 통치자도 법을 무시할 수 없게 되었습니다. 따라서 국가는 국민의 기본적 인권을 보장하고 국민주권의 원리를 실현할 수 있도록 법을 집행해야만 하고, 그래야만 비로소 국민들에게 준법을 요구할 정당성을 확보할 수 있는 겁니다. 국가권력이 법을 자의적으로 해석하고 고위 공직자는 법망을 빠져나가는 등 스스로 법질서를 파괴하는 행위를 하는 한, 시민들에게 법치주의를 외칠 자격이 없는 것이지요.

우리나라 헌법의 순서를 보면 시사하는 바가 큽니다. 국민의 권리와 의무가 처음에 나오고, 그다음이 국회, 그리고 그다음에 대통령, 행정부, 법원이 뒤따릅니다. 즉, 국민의 권리와 의무가 가장 중요하고, 국민들의 의사를 대변하기 위해서 국회가 있고, 그것을 실행에 옮기기 위해서 대통령과 행정부가 있는 것이지요. 진정한 법치주의는 국민의 권리와 의무를 지키기 위해 존재하는 것이라고 생각합니다.

제 | 이명박 정부가 젊은층을 화나게 했던 사건 중 하나가 미네르
바 사태죠. 인터넷에 정부를 비판하는 글을 올렸다고 해서 구
속했는데 무죄로 풀려났습니다. G20 포스터에 쥐그림을 그린
대학강사를 처벌한 것이나 인터넷 글에 대한 처벌을 강화하려
는 입법 움직임 등도 큰 반발을 샀고요. 이런 표현의 자유 위
축 논란에 대해 어떻게 생각하시나요?

안 | 우리가 G20 회원국이지만 우리나라 언론의 자유나 부패지수
는 국격에 맞지 않게 낙후돼 있습니다. 특히 이번 정부 들어
더욱 후퇴했죠. 국민들이 피부로 느끼는 현실도 그렇고 외국
에서 보는 판단도 그런 것 같습니다. 정치권, 언론 등의 흑백
논리는 더 심해졌고요. '다른 생각'을 '틀린 생각'으로 몰아붙
이고 있지 않습니까. 언론의 자유, 표현의 자유가 존중되느냐
하는 것은 정부 관계자들의 생각이 중요한데요, 국가기관이
인격체도 아닌데 명예훼손으로 시민을 고소했다는 것 자체가
코미디입니다. 표현의 자유에 대한 진정한 이해가 없는 것이
죠. 민주주의에 대한 기본 개념이 부족한 것이 안타깝습니다.

제 | 페이스북이나 트위터를 사용하시나요? SNS의 영향력이 커지
면서 허위사실 유포와 명예훼손에 대응하기 위해 규제를 강화
해야 한다는 지적도 나오는데 어떻게 생각하시는지요.

안 | 페이스북이나 트위터 계정은 있는데, 요즘은 잘 쓰지 않고 가끔 읽기만 하는 정도입니다.

SNS 규제에 대해서는 부작용을 법으로 막으려다 더 큰 부작용을 낳을 수 있다는 점을 지적하고 싶습니다. 새로운 기술이나 사회변화에 대해 부작용을 걱정해서 섣불리 규제하려 하기보다 긍정적 힘을 최대화하고 부작용을 줄이는 방향으로 노력할 필요가 있습니다. 여기서도 제도와 문화, 기술의 측면을 고루 볼 필요가 있는데요, 우선 기술적 측면에서는 예를 들면 글쓴이의 평판에 대한 자동평가시스템을 만들어서 보조수단으로 사용할 수 있을 겁니다. 댓글 중 한꺼번에 만든 유령계정으로 올라온 글이나 악플만 쓰는 사람의 글들은 묻히게 만든다든지 해서 사람들의 판단을 도울 수도 있겠지요. 제도 면에서는 분명하게 악의적인 목적을 가지고 악의적 사실을 유포했다면 처벌을 강화하고 징벌적 배상까지도 검토해볼 수 있겠습니다. 다만 이런 처벌 조항이 정치적 목적으로 악용되지 않도록 하는 장치가 필요하겠지요. 거짓에 휘둘리지 않고 자정작용을 유지할 수 있는 네티즌들의 성숙한 문화가 필수적임은 물론이겠죠.

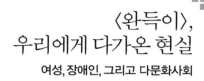

〈완득이〉,
우리에게 다가온 현실
여성, 장애인, 그리고 다문화사회

제 | 우리나라 여성의 능력은 세계적이라고 봅니다만, 남녀 간의
임금격차 등 남녀평등 수준은 아직 갈 길이 먼 것으로 보입니
다. 정치인, 관료, 관리직 등 영향력 있는 자리에 오른 여성의
비율도 세계에서 하위권 수준이고요. 성평등을 위한 획기적
대안이 있을까요.

안 | 노무현 정부 때 '성인지 예산제'(국가 예산의 편성과 집행과정에서
남녀별로 미치는 효과를 고려해 성차별 없이 평등하게 혜택을 누릴 수 있
도록 한 제도)를 도입했지만 아직 제대로 실행되지 않고 있습니
다. 여성이 받는 불이익을 줄이고 성평등을 증진하기 위한 목
적으로 도입된 '성인지 예산제'의 입법 취지를 살려서 지금부
터라도 충실히 실행한다면 우리 사회의 각 영역에서 남녀평

등이 실질적으로 제고될 수 있을 것이라고 봅니다. 이게 정부가 가장 먼저 할 수 있는 일이라고 생각됩니다.

사회적으로 보면 대학입시까지는 문제가 없으나 졸업 후 취직할 때 그리고 승진할 때 남녀 차별이 여전하죠. 취업률에도 차이가 있고 보수에도 차이가 있습니다. 정부부터 공공영역 등에서 일자리를 만들 때 남녀 구성을 세심하게 살펴서 불이익이 없도록 하고, 성인지 예산제도에 따라 민간기업에 대한 인센티브도 마련할 수 있을 것입니다. 복지차원에서 여성이 직장과 가정에서 양립할 수 있도록 필수적인 보육환경을 개선하는 것도 도움이 될 것이고요.

저출산, 고령화에 따른 생산가능인구 감소와 잠재 성장률 저하에 대처하기 위해서도 여성들이 일하기 좋은 환경을 만드는 것은 시급하고 절실한 과제입니다.

제 | 우리 사회는 장애인이 살아가기에 참 어려운 사회입니다. 사회인프라도 그렇고요. 장애인의무고용제가 있지만 정부와 공기업도 제대로 지키지 않습니다. 선진국일수록 장애인을 위한 법적, 문화적 제도가 성숙해 있죠. 장애인과 공존하기 위해서 우리 사회의 법과 제도 문화는 어떻게 달라져야 할까요?

안 | 아는 사람들 중에 장애인 자녀를 가진 가족은 국내에서 못 살

고 할 수 없이 외국으로 이민을 가는 경우가 있더군요. 지금까지 우리 사회가 장애를 지닌 아이를 키우기 어려운 사회였다고 할 수 있는데, 이제는 함께 돌볼 때가 되었다고 생각합니다. 서울대의 예를 보면 지체부자유 학생들을 받기 시작하면서 모든 건물에 엘리베이터를 설치했습니다. 처음부터 설치하지 않고 기존 건물에 추가하면 돈이 더 많이 든다고 하더군요. 앞으로는 모든 건물의 설계 단계부터 장애인을 세심하게 배려해야 할 것입니다.

장애인이 일자리를 갖고 자립할 수 있도록 하기 위해서는 공공기관부터 고용의무를 준수해야 한다고 생각합니다. 돈으로 때우려 하지 말고 실제로 고용을 하라는 것이죠. 또 기업이 장애인 고용의무를 지키지 않았을 때 물어야 하는 부담금을 대폭 강화하고 그 기금을 전액 장애인시설 개선에 쓰면 좋겠습니다. 우리는 국제행사유치 등 외형적인 과시에 신경을 많이 쓰는데요, 실제 그 나라의 수준은 전시행사보다 장애인과 소수자에 대한 따뜻한 배려에서 결정된다는 인식이 필요합니다.

제 | 우리나라도 국내 거주 외국인 숫자가 100만 명을 훨씬 넘는 다문화사회가 됐습니다. 농촌의 외국인 신부, 공단의 이주노동자 등도 갈수록 늘어나고 있고요. 외국인 이민에 대해 어떤 태도가 바람직할까요?

안 | 영화 〈완득이〉를 보면서 다문화사회는 우리의 현실이라는 점을 다시 한 번 실감했습니다. 우리나라의 이민정책도 선진국 수준으로 완화하는 것을 검토할 때가 되었다고 봅니다. 실리콘밸리 창업자들 절반 이상이 1세대 이민자들인데요, 유능한 외국인들이 많이 들어올 수 있도록 장려하는 쪽으로 가야 한다고 생각합니다. 저출산 시대를 극복하기 위해서 국내 출산율을 높이는 정책이 우선되어야 하겠지만, 조선족 등 해외동포와 외국인들에게 이민의 문호를 개방하는 것도 장기적으로 인구 감소에 대한 대안이 될 수 있을 것입니다.

제 | 그런데 우리 사회가 아직 다문화사회에 걸맞는 문화적 성숙은 이루지 못한 것 같습니다. 편견에 사로잡힌 외국인 차별도 많고, 이주노동자 착취가 문제가 되기도 하죠. 외국인 범죄가 침소봉대되어 적대감을 조장하는 경우도 있고요. 어떤 대안이 필요할까요?

안 | 단기적 처방이 힘든 부분의 하나라고 생각합니다. 장기적으로 문화를 바꾸는 노력을 해야겠죠. 무엇보다 다문화가정을 사회적 약자의 관점에서 따뜻하게 대하고 배려할 필요가 있다고 생각합니다. 특히 저소득층 다문화가정에 대해서는 복지제도를 통해 도울 수 있는 길을 넓혀야 한다고 생각합니다. 이주민

들이 우리 사회에 잘 동화되고 기여할 수 있도록 배려하는 한편, 우리도 이주민의 문화에 대해 이해하고 수용하면 우리 사회를 보다 풍성하게 할 수 있다고 봅니다. 특히 시혜적 차원에서 후원 프로그램을 만들기보다 이주민 스스로 조직하고 운영하는 단체를 육성하고 이에 대한 지원을 강화할 필요도 있다고 생각해요.

또 하나 신경을 써야 할 것이 다문화가정 자녀들의 교육문제인데요. 다문화가정의 아이들이 학교 중도 탈락률이 상당히 높다고 하더군요. 이들이 학교에서 자존감을 갖고 잘 적응할 수 있도록 맞춤식 프로그램을 마련할 필요가 있다고 생각합니다.

미래의
주인공들에게

젊은이들이여 무엇이든 시도해보고 경험해보라. 도전은 단지 힘들 뿐, 무서운 것이 아니다. 도전하고 주어진 상황에서 인생을 개척하라. 그리고 남과 더불어 행복한 길을 찾아라!

—
미래의
주인공들에게
—

제 | 지금까지 주로 심각하고 진지한 얘기들을 했는데요, 이제 인 터뷰를 마무리하면서 미래의 주역인 청소년, 청년들에게 실질 적인 도움이 될 얘기들을 좀 말랑말랑하게 해보면 어떨까요. '청춘콘서트' 등을 통해 청년들의 '멘토'로 활약해온 내공을 살려서요. (웃음) '이런 나라를 함께 만들어가자'고 제안하는 의 미도 있고요.

안 | 예, 좋습니다. 그동안 중고등학교나 대학 강연 등을 통해 다양 한 질문을 받았고, 제 경험을 바탕으로 진심 어린 말씀들을 드 렸는데요, 내용이 조금 겹치더라도 성실하게 답하도록 하겠습 니다.

제 | 제게도 고등학생 딸이 있습니다만, 우리나라 중고등학생들 대다수가 입시의 노예라 해도 과언이 아닌 것 같습니다. 학교에서는 아이들을 성적에 따라 줄 세우고, 입시와 무관한 취미나 관심은 억압하기 일쑤죠. 아이들이 많이 고통스러워합니다.

안 | 중고등학생들은 물론 초등학생들도 치열한 대학입시의 영향을 받는 것 같습니다. 안타까운 일이죠. 부모님과 학교, 사회의 압력에 짓눌리다 보니 청소년들이 사고의 폭을 넓힐 수 있는 독서나 여행 등 직간접 체험의 기회를 갖지 못한 채 입시 공부에 매달리고 있는 것 같아요. 그러다 보니 막상 대학에 갈 때도 스스로 전공을 선택하지 못하고 부모님 생각에 의존하는 경우가 많더군요. 그런데 부모님들의 기준은 대략 이런 것이죠. '어떤 직업을 선택하면 안정적으로 돈을 많이 벌 수 있나.' 그러니까 많은 청소년들이 자기 적성과 상관없이 안정된 직업을 보장해줄 것 같은 전공을 선택합니다. 우리나라에 직업이 1만 가지가 넘는다고 하는데, 자신이 잘할 수 있는 일, 하고 싶은 일이 과연 어떤 것인지 생각해볼 기회를 갖지 못하는 것이죠.

제 | 맞습니다. 아이들은 정신없이 공부하다가 고3이 되어서야 '어

딜 갈까' 생각하고, 많은 부모님들은 '안정된 직장, 전망 있는 분야'를 기준으로 전공 선택을 권하죠.

안 │ 그런데 제가 경험해보니 그 '안정'이라는 것과 '전망'이라는 게 다 허망한 기준이더군요. 저는 2008년 5월에 미국 와튼 스쿨의 경영학석사과정(MBA)을 졸업했는데요, 당시 동기들의 절반 이상이 파이낸스(금융·재무) 전공이었어요. 높은 연봉을 받고 월스트리트의 금융회사에 취직을 했죠. 당시 가장 전망 있고 안정적인 직장이었으니까요. 그런데 그해 가을 리먼브러더스가 파산하고 국제 금융위기가 본격화됐잖아요. 그 친구들 거의 해고되었어요. 회사가 어려우니까 신참부터 내보낸 것이죠. 그들이 철석같이 믿고 있던 '안정'이란 게 얼마나 허망한 것인가가 드러난 셈이죠.

또 하나 '전망'도 덧없고 부질없는 것일 수 있어요. 보통 '10년 후'를 내다보고 유망 분야를 선택하라는 얘길 하는데요, 그걸 누가 알 수 있을까요. 현실적으론 현재 가장 인기 있는 직종에 우선 눈길이 가죠. 제가 의대를 졸업했을 당시는 철저히 성적순으로 과를 선택했는데, 1등이 내과였어요. 그런데 졸업한 지 20년이 지나 동기들 수십 명이 음식점에 모였는데, 그날 큰소리치면서 계산을 한 친구는 당시 성적이 꼴찌였던 분야의 의사였어요. 전혀 다른 전공이 오늘날 가장 각광받고 돈도 많이 버는 분야가 된 거죠. 다 그렇진 않겠지만 미래가 어떻게 바뀔지는 정말 알기 어려운 것 같아요.

제 | '전망'도 '안정'도 무의미하다면 과연 어떤 기준으로 진로를 선택해야 할까요?

안 | 해답은 바로 자기 자신이라고 생각해요. 아무리 지금은 낮고 보잘것없어 보이는 분야라고 하더라도 자기가 잘할 수 있고, 재미를 느끼며, 의미를 가질 수 있는 일을 찾아 선택해야 한다고 봅니다. 많은 사람들이 선호하는 직업이라 해서 죽을힘을 다해 그곳에 도달했는데 막상 자신이 전혀 행복하지 않다면 허무한 일이니까요.

전에 교육부가 직업 만족도 조사를 했는데요, 가장 만족도가 떨어지는 직업 1위가 모델이고 2위가 의사였어요. 반대로 만족도가 높은 직업은 작가, 사진작가, 인문학 쪽 교수 등이고요. 모델이면 예쁘게 태어난 사람들일 텐데, 모델 일이 직업이 되면 불행한 모양이에요. 가장 직업 만족도가 낮은 모델이 가장 만족도 높은 사진작가와 일하는 것도 흥미롭더군요.

저는 사회적 지위가 비교적 높은 의사들이 왜 직업 만족도가 낮을까 생각해봤어요. 100명 중 75명이 자기 직업을 싫어한다고 하니까요. 의사라는 직업의 본질은 대개 하루 100명 이상

처음 보는 환자와 대면하는 것이에요. 그런데 보통은 고등학교 때 혼자 공부만 열심히 하던 아이들이 의대에 가거든요. 친구도 많지 않고 사람 만나는 데 익숙하지 않은 사람들이 하루 환자를 100명씩 만나 대화한다고 생각해보세요. 행복을 느끼기 어려울 거예요. 제가 사장이 돼보니 좋은 것 중 하나가 일을 위임할 수 있다는 거예요. 그런데 의사는 위임도 불가능하죠. 반면 제 친구 중에 학교 때는 '어떻게 의대 왔을까' 생각이 들 정도로 독특한 친구가 있었는데요, 이 친구는 의사 생활에 대한 만족도가 굉장히 높더라고요. 오전에만 100명이 넘는 환자를 보는데도 늘 웃고 환자들을 따뜻하게 대해요. 그래서 저도 이 친구를 제 주치의로 삼았어요. 다른 환자들도 모두 좋아하고요. 의대시절에 내과 교수님이 졸고 있는 학생을 야단치면서 이런 말씀을 하셨어요. "똑똑하다고 의대 올 자격이 있는 거 아니다. 마음이 따뜻해야지, 머리는 안 중요해." 정말 자신의 일을 사랑하고, 환자를 사랑할 수 있는 사람이 의사가 돼야 하는 거죠. 남들이 좋은 직업이라고 우러러보는 건 아무 소용 없어요.

제 ¦ 자기가 하고 싶고, 잘할 수 있는 일을 선택하라는 말씀인데요, 하고 싶은데 잘할 수 있는 일이 아니라면 어떻게 해야 할까요?

안 | 농구의 황제로 불리는 마이클 조던이 한때 농구를 은퇴하고 자신의 어릴 적 꿈이었던 야구선수가 된 일이 있잖아요. 하지만 마이너리그를 벗어나지 못했고 결국 다시 농구선수로 돌아왔죠. 하고 싶다고 해서 반드시 잘할 수 있는 것이 아니기에 욕심을 내려놓은 것이죠.

진로를 결정할 때 '막연히 하고 싶은 일'을 선택할 것이 아니라 실제 해봤을 때 재미를 느낄 수 있는 일, 의미를 찾을 수 있는 일, 그리고 잘할 수 있는 일을 선택하라는 뜻입니다. 마이클 조던의 경우처럼 하고 싶은 일이었지만 막상 해보면 잘하지도 못할뿐더러 별달리 재미를 느끼지 못한다면 결국 일에 대한 의욕조차 잃기 십상이죠. 반대로 처음엔 그다지 하고 싶은 일이 아니었지만, 막상 해보니 잘하게 되고, 그로 인해 재미와 의미까지 찾을 수 있다면 그 일은 저절로 하고 싶은 일이 되기도 하죠.

그런데 대부분의 학생들은 자신이 무엇을 잘하는지, 재밌어 하는지 등에 대해 잘 모르는 경우가 많아요. 사실 그런 것은 직접 시도해보지 않고서는 알 수가 없죠. 예컨대 어떤 청년이 컴퓨터 게임이 너무 재밌고 좋아서 게임을 개발하는 회사에 취직을 했다면 그는 자신의 일을 잘할 수 있고 만족감을 느낄 수 있을까요? 사실 그럴 가능성은 높지 않습니다. 왜냐면 게임 개발 회사에서 그 청년이 할 일은 게임을 만들거나 마케팅을 하는 일일 거예요. 게임을 즐기는 것과는 전혀 다른 일들이죠.

이처럼 막연히 알고 있던 것을 직접 경험해보면 참 다른 경우가 많아요. 제 경우도 마찬가지였습니다. 제가 의사이던 시절 모두가 저는 경영자 타입이 아니라고 말했고, 저 스스로도 그렇게 생각했어요. 그런데 실제로 해보니 생각과 달리 내게 경영자로서의 자질이 있다는 것을 알게 됐죠. 일을 잘하는 만큼 재미와 의미 또한 커져갔고요. 만일 제게 경영을 할 기회가 없었다면, 또 제 스스로에게 그런 기회를 주지 않았다면, 아마 저는 경영자로서 어느 정도의 자질이 있는 사람인지 모르고 죽지 않았을까요? 그래서 저는 학생들에게 뭐든 많이 시도해보라고 조언합니다. 고등학생 때는 방학을 이용해 아르바이트를 해도 좋고, 대학생 때는 인턴사원으로 사회에서 일해보는 것도 좋아요. 하다못해 독서로 간접 체험을 하거나 견학을 가는 것도 좋아요. 뭐든지 관심이 있는 일이라면 한 번은 뛰어들어서 직접 해보고, 실제로 잘할 수 있는 일인지, 재미를 느낄 수 있는 일인지 아닌지 결판을 내는 것이 중요합니다.

제 | 때로는 대학에 들어간 뒤 전공을 바꿀까 방황하기도 하고, 졸업 뒤에 완전히 전공과 무관한 선택을 하는 경우도 있죠. 진로를 변경하고 싶은 청년들에게 도움이 될 만한 판단의 기준이 있을까요?

안 ┃ 제가 카이스트에서 가르치던 학생도 비슷한 질문을 한 일이
있어요. 3학년 학생이었는데, 전공이 자기와 맞지 않아 고민
이지만 막상 관심이 있는 다른 전공은 가서 잘할 수 있을지 자
신이 없다는 거예요. 그래서 우물쭈물 일 년 내내 고민만 했다
고 하더군요. 그래서 그 학생에게 말했습니다.

"강물이 얼마나 세게 흐르는지 알려면 강둑에 앉아 바라만 봐
선 안 된다. 양말 벗고, 신발 벗고 들어가봐야 한다. 물살의 세
기는 온몸으로 느끼는 것이 방법이다. 성공이든 실패든 그 경
험은 반드시 나중에 도움이 된다."

애플 창업주 스티브 잡스 얘긴데요, 대학교를 중퇴하고 캠퍼
스를 정처 없이 떠돌다가 갑자기 예쁜 글씨체를 배우는 캘리
그래피 수업에 들어갔대요. 아무 계획도 없이, 그냥 흥미를 느
껴 수업을 열심히 들었다는 거예요. 그런데 10년 뒤 애플 컴퓨
터를 창업하고 매킨토시를 만들 때, 그때 배운 실력으로 최초
의 컴퓨터 폰트를 만들었다는 거예요. 잡스는 "열심히 살다 보
면 옛날에 무관하다고 생각했던 경험들이 모두 연결이 되어
있을 것"이라고 했어요. 그게 영어 표현으로 'connected dot(연
결된 점)'라는 것이죠. 그러니까 자신의 선택에 믿음을 가지라
고 말하고 싶어요. 어떤 경험이라도, 혹시 실패하더라도 열심
히 했다면 반드시 얻는 게 있다고요. 한번 시도해봐서 내 적성
이 아니라고 결론을 내리게 되더라도 나중에 다른 선택을 할

때 틀림없이 도움이 된다고 생각합니다. 그러니까 생각만 하고 있지 말고 도전해야죠. 자기 자신에게 줄 수 있는 가장 큰 선물은 자신에게 기회를 주는 것입니다.

한 가지 덧붙이고 싶은 것은 새로운 분야에 도전하고 싶은데 잘 맞을지 확신할 수 없다면 좀 더 노력해서 둘 다 해보라는 거예요. 지금 하고 있는 일은 계속 열심히 하면서 저녁 시간, 주말 시간을 희생해서 새로운 관심 분야의 공부를 더 하는 것이죠. 그렇게 해서 지금 내가 하고 있는 분야만큼 실력이 쌓이면 둘 중 하나를 선택할 수 있게 돼요. 미지의 세계로, 전혀 모르는 세계로 뛰어드는 것이 아니라 내가 할 수 있는 일 두 가지 가운데에서 선택을 하는 것이죠. 주위에서 볼 때는 과감한 도전이라고 생각하겠지만요. 그래서 도전은 무서운 것이 아니에요. 단지 힘들 뿐이죠. 고달프게 힘들게 살 자신이 있으면 그 사람은 도전할 자격이 있는 것입니다.

제 | 이런 얘기를 듣는 젊은이들 중에는 '나는 그렇게 유능한 사람이 아닌데…. 도전은 너무 두려워' 하는 사람들도 있을 거예요. 새로운 도전이 두려운 사람들에게 도움이 될 만한 조언이 있을까요?

안 | 번지점프대 위에 서보면 너나없이 다리가 후들거리기 마련이

죠. 도전에 앞서 두려움이 엄습해오니까요. 그런데 이 두려움은 번지점프대에서 뛰어내리는 그 순간, 언제 그랬냐는 듯 사라져버립니다. 대신 용기와 자신감이 그 빈자리를 가득 채우게 되죠. 뭐든 한번 해보면 그 일이 생각만큼 두려운 것이 아니란 것을 알게 됩니다. 대부분의 의대생들은 본과 1학년이 되면 시체 해부를 하게 되는데요, 이때 난생처음으로 시체를 보게 된 학생들은 그 자리에 주저앉아 울기도 하고, 입을 움켜쥐고 화장실로 달려가기도 해요. 심지어 시체 해부의 두려움에서 벗어나지 못해 휴학을 결정하는 친구도 있고요. 하지만 한 달만 지나면 전혀 다른 풍경이 벌어져요. 시체를 다루는 손놀림이 능숙해짐은 물론이고, 시간이 없을 때는 해부실에서 친구들끼리 점심 도시락을 나눠 먹기도 하죠. 사람은 그렇게 모든 일에 익숙해지게 되어 있습니다. 두려워서 도전하지 않으면 다음 단계로 나아갈 수 없죠.

제 ㅣ '과감하게 도전하라'고 강조하셨는데, 도전에도 준비가 필요하겠죠?

안 ㅣ 물론입니다. 강물의 세기를 알려면 강물에 뛰어들어야 한다고 해서 앞뒤 재지 않고 무작정 들어가는 것은 무모하죠. 강물에 첫발을 담글 수 있는 것은 용기의 영역이지만, 강물의 세기를

느끼고 그 강물에서 다시 무사히 빠져나오는 것은 전략과 계획의 영역입니다. 새로운 공부에 도전하는 것, 창업하는 것도 마찬가지죠. 무작정 모든 것을 털어 붓는 것은 영화 속에서나 멋있어 보일 법한 이야기입니다. 열정을 가지고 도전하되, 만약의 경우를 대비한 위기 관리는 반드시 따라주어야 합니다. 그래서 만약 이 도전과 시도가 잘못되더라도 두 번째 기회를 가질 수 있는 방법들을 강구하면서 한 걸음 한 걸음 조심조심 증명하면서 나아가야 합니다.

제 | 서점에 나온 자기계발서들을 보면 성격이 적극적이고 사회성이 뛰어난 사람만이 성공할 수 있을 것 같은 느낌을 받습니다. 그래서 소극적이고 말이 없고 사람 사귀는 데 시간이 오래 걸리는 성격 때문에 걱정하는 청소년들도 많아요. 성공을 위해서 자신의 단점을 고치는 데 집중해야 할까요?

안 | 저는 이런 질문을 받으면 미국의 투자자 워런 버핏 얘기를 합니다. 워런 버핏이 보니까 성공한 투자자들에게 세 가지 공통점이 있더래요. 우선 두뇌 회전이 굉장히 빠르고, 두 번째는 수리적인 감각이 뛰어나더래요. 환율 변동, 파생상품 같은 것들이 모두 수학적 계산을 요구하니까 당연하겠죠. 세 번째는 절대로 아무도 믿지 않는다는 것입니다. 돈에 관해서는 부모

님도 안 믿는 사람들이죠. 그런데 워런 버핏이 자신을 돌아보니 자기는 완벽하게 반대였대요. 자기는 두뇌 회전이 느리고 수리적 감각도 없고, 사람 좋아하고 친구를 너무 믿는 사람이라는 거예요. 그렇다면 투자자로 성공하기엔 결격이잖아요. 하지만 버핏은 성격을 바꾸려 노력하거나 투자를 포기하는 대신 자기 성격대로 잘할 수 있는 길을 찾았대요. 그래서 빠른 두뇌 회전이 필요한 단기투자를 포기하고 최소 10년, 20년의 장기투자를 선택했대요. 수리 감각이 부족하니까 자기가 이해 가능한 회사만 투자했다고 합니다. 인터넷 닷컴 기업은 이해하기가 복잡하니 관심도 두지 않고 코카콜라나 질레트 면도기 등 상식적으로 판단할 수 있는 회사를 골랐다는 거예요. 또 사람을 믿는 성격이니 자기가 100% 믿을 만한 사람을 뽑아서 그들에게 전권을 위임했다고 해요. 버핏은 그래서 성공했어요. 저는 자신의 약점을 강점으로 만드는 것은 불가능할 수도 있으니, 약점은 관리만 잘하고, 자신의 강점을 살리거나 자기의 성격에 맞는 것을 개발하는 데 주력하는 게 좋다고 생각합니다.

제 | 좀 전에 우리가 대학입시 경쟁 얘기를 했습니다만, 대학 문을 나온 뒤의 취업경쟁도 만만치 않습니다. 그래서 젊은이들이 어떻게든 취업에 도움이 되는 '스펙'을 쌓으려고 전전긍긍해

야 하고요. 저는 이렇게 극심한 경쟁을 치르면서 꿈과 희망을 갖기 어려운 사회를 만든 데 대해 기성세대로서 참 미안한 마음인데요, 원장님도 강연에서 그런 얘길 많이 하셨죠?

안 | 맞습니다. 제가 대학원에서 학생들을 가르치면서 보니 한 사람 한 사람은 과거의 저보다 더 능력 있고 진취적인 학생들인 거예요. 그런데 이 사회가 요구하는 '스펙 쌓기' 경쟁이 자라나는 세대의 숨통을 조이고 있다는 느낌이 들더군요. 제가 청춘콘서트를 열심히 다닌 이유도 거기 있어요. 행복은커녕 너무나 힘든 현실 앞에서 좌절감마저 느끼는 청춘들을 대할 때면 기성세대의 한 사람으로서 안타깝고 미안했기 때문에 조금이라도 도움이 되는 얘기를 해주고 싶었어요. 그렇지만 저는 그냥 위로하는 얘기로 끝내진 않아요. 사회구조 때문에 너희가 어렵지만 불평만 하지 마라. 그 시간에 도전하고, 주어진 상황에서 자기 인생을 개척하라고 말합니다. 어느 분야에서든 세계적 수준의 전문가가 되려면 1만 시간의 연습이 필요하다는 얘기가 있잖아요. 불공정한 사회구조에 문제의식을 갖되, 각자의 영역에서 필요한 도전과 노력을 다하는 자세는 꼭 필요하다는 것을 강조합니다.

제 | 요즘 청소년들은 극심한 경쟁의 틀 속에서 안간힘을 쓰다가

순간순간 좌절하고 자기 스스로를 비하하는 경우도 많은 것 같습니다. 저희 집 아이들도 그렇더군요. 기대만큼 성적이 안 나오거나, 친구 관계가 잘 안 풀릴 때, 또 청년들의 경우 취업의 문턱에서 좌절할 때 '난 아무래도 안 되나 봐' 하고 절망감에 사로잡히죠. 실패와 좌절에 직면한 청소년들에게 어떤 얘기를 해줄 수 있을까요?

안 ┃ 사실 제가 지금까지 오는 동안 실수도 많이 하고, 어려움도 많이 겪었다는 말씀을 드렸잖아요? 고생도 고생이지만 정말 절망적인 마음이 든 순간들도 있었습니다. 회사를 차리고 몇 년 동안은 정말 경영이 어려웠어요. 매달 25일에 직원들 월급을 주기 위해서 물건대금으로 받아놓은 어음을 은행에 들고 가 '어음깡'을 해야 했죠. 그렇게 어렵게 회사를 꾸려가던 시절인데요, 어느 날 다른 직원들이 퇴근한 후에 수입 지출을 맞추느라 계산기를 두드리는데, 그날따라 경리 직원이 몇 시간째 계속 틀리는 거예요. 그 순간 이런 생각이 들더군요. 내 친구들 모두 의사로 대접받으며 편하게 사는데, 내가 지금 뭐 하고 있는 건가? 제가 동기들 중 제일 먼저 대학교수가 됐거든요. 그런데 전혀 다른 분야에서 회사를 차리고 일을 하다 보니 너무 준비가 안 돼 있었던 거예요. '꽝' 하고 망치로 머리를 맞은 듯한 느낌이 들었어요. 벼랑 아래로 굴러떨어지는 심정이랄까. 거기서 올라오는 데 사흘 정도 걸린 것 같아요. 마음을 추스른 후에 결심을 했어요. 첫째, 절대 동기동창과 비교하지 말자. 잘나가는 친구와 비교하는 대신 내가 가고 싶은 길과 목표에 집중하는 것이 중요하다. 둘째, 위만 올려다보지 말고 아래를 보자. 산을 오를 때 정상만 바라보면 힘들지만 지금까지 올라온 길을 내려다보면 '그래도 이만큼이나 왔구나' 하면서 힘을 얻을 수 있잖아요. 셋째, 너무 장기 계획을 잡지 않는다. 3년 후에 뭘 이루겠다고 하면 3년 동안 참기가 너무 힘들어요. 매년 계획, 매달 계획을 세워서 점검하고, 잘했으면 자기한테 상을 주는 거예요. 그동안 못 먹었던 맛있는 음식을 먹는다든지, 보고 싶었던 영화를 본다든지. 자그마한 승리가 오래 버틸 수 있는 힘을 주거든요.

제 | 그래도 '절망의 구렁텅이'에서 헤어 나오기 힘든 순간들이 있잖아요? 불합격 통지를 받았을 때, 시험을 망쳤을 때, 사람에게서 큰 상처를 받았을 때 등등. 저 같은 경우는 이불 쓰고 누워서 음악을 듣는데요, 원장님은 어떻게 하시나요?

안 | 예전에 한창 어려울 때 저는 무조건 걸었어요. 마음이 복잡해지고 견딜 수 없을 때, 회사에서 뛰어나와 무작정 걸었죠. 서초동에서 교대역, 강남역을 지나 삼성역까지 한 시간 반 정도

걸리는데, 그렇게 걷다 보면 어느 정도 마음이 가라앉고 생각이 정리가 돼 전철을 타고 회사로 돌아옵니다. 어떤 경우엔 지갑을 두고 나와서 다시 한 시간 반을 걸어서 돌아가기도 하고요. 제 주변의 어떤 분은 빨래도 하고 달리기도 한다더군요. 각자 취미나 체력에 맞게 그런 방법을 개발할 필요가 있을 것 같아요. 그러면 버티게 되죠. 젊을수록, 미숙할수록 어려움이 많을 수밖에 없잖아요. 그런 어려움을 극복하는 노하우도 자기 스스로 하나하나 만들어가면서 사는 게 삶인 것 같아요.

제 | 원장님이 올해로 만 50세이신가요? 중간 결산을 한번 해본다면 인생에서 성공이란 뭐라고 정의할 수 있을까요?

안 | 제 인생에서 성공의 정의는 '삶의 흔적을 남기는 것'입니다. 영어로 'make a difference(차이를 만드는 것)'라고 할 수 있는데, 내가 죽고 난 후에 내가 존재하지 않았을 때와는 다른 긍정적인 무언가를 이 세상에 남기고 싶다는 마음입니다. 이름 석 자를 역사에 남기고 싶다는 욕심은 없어요. 그저 크로마뇽인의 벽화처럼, 누구인지도 잘 알 수 없지만 사람들의 생각을 변화시키거나 좋은 제도, 좋은 책, 바람직한 조직 등을 통해 세상에 흔적이 남기를 바랍니다.

전에 인터뷰에서 얘기한 일이 있는데요, 영화 〈스파이더맨〉에서 주인공이 한 말이 있죠. "With great power comes great responsibility(큰 힘에는 큰 책임이 따른다)."

스파이더맨은 초능력을 원하지 않았지만 자신이 그것을 갖게 됐으니 합당한 일을 해야 한다고 생각하죠. 저 역시 이름이 알려지는 것을 원하지 않았지만, 열심히 공부하고 일하다 보니 저에게 사람들의 기대가 쌓이더군요. 그래서 적어도 그 사람들의 기대를 저버리는 행동은 하지 않아야 한다는 책임감을 갖게 됐습니다. 사람들의 삶에 긍정적인 영향을 끼쳐서 내 삶의 흔적을 세상에 남기는 것이 내가 꿈꾸는 성공의 모습입니다.

제 │ 다른 사람의 기준에서 보면 지금까지의 삶만으로도 충분히 성공을 거두었다고 할 텐데요. 원장님을 롤모델로 생각하는 청소년들을 위해 '성공의 비결' 한 가지만 알려주시면 어떨까요.

안 │ 무엇보다 좋은 책을 많이 읽으라고 권하고 싶어요. 입시 경쟁으로 마음의 여유가 없겠지만 청소년기에 정말 중요한 일이 독서입니다. 나의 마음을 열고 타인을 받아들이는 가장 쉬운 방법이 독서예요. 저 역시 어린 시절부터 책을 통해 나와 다른 생각을 가진 사람이 있음을 알았고, 그들의 마음을 이해하는 힘을 키웠습니다. 저는 어릴 때부터 소설책을 읽을 때 줄거리에는 그리 관심을 두지 않았어요. 대신 주인공의 사고방식과 행동방식에 관심을 가졌죠. 누가 언제 어디서 무엇을 했는지 보다는 "왜 저런 상황에서 저런 고민을 할까?" 생각하면서 주인공의 판단과 선택을 이해하려고 노력했죠. 그런 관점이 사람에 대한 이해의 폭을 넓히고 소통과 공감의 능력을 키워준 것 같아요.

저는 일본인 수학자 히로나카 헤이스케가 쓴 《학문의 즐거움》이란 책의 한 구절을 생활신조로 삼고 있습니다. 그는 수학의 노벨상이라고 불리는 필즈상을 받은 저명한 학자죠. 《학문의 즐거움》이란 책을 보면, 한 평범한 사람이 노력을 거듭한 끝에 원래 천재였던 사람보다 더 빛나는 업적을 남길 수 있었던 이야기가 담겨 있어요. "어떤 문제에 부딪히면 나는 미리 남보다 시간을 두세 곱절 더 투자할 각오를 한다. 그것이야말로 평범한 두뇌를 지닌 내가 할 수 있는 유일한 방법이다"라는 구절을 읽었을 때에는 내가 앞으로 나아가야 할 길을 인도하는 빛을 발견한 듯한 감동을 받았어요. 좋은 책을 읽으면 각자 이런 감동과 교훈을 얻을 수 있습니다.

많은 사람들이 시간이 없어 책을 읽지 못한다고 핑계를 대죠. 2011년 한 취업포털에서 직장인 852명을 대상으로 설문조사를 했더니 한 달 동안 읽는 책이 평균 1.6권인데, 술자리 횟수는 6회였어요. 그런데 책을 자주 읽지 못하는 이유로는 '시간적 여유가 없어서'가 가장 많았고, 심지어 돈이 아깝다고 생각하는 사람도 5.7%나 있었어요. 시간이 없고 돈이 아까워서 책은 안 읽지만 술자리는 참석한다는 어이없는 현실에 한숨이 나옵니다.

제 | 마지막으로 이 책을 읽는 우리 사회 미래의 주역, 청소년과 청년들에게 당부하실 말씀이 있으신지요.

안 | 우선 사회구조의 문제와 상관없이 자신의 잠재력을 극대화하기 위해 노력해야 하는 것은 분명합니다. 그러나 경쟁과 비교의 대상은 다른 사람이 아니라 자기 자신이 되는 게 좋습니다. 옆에 있는 친구가 아니라 '어제의 나'와 '오늘의 나'를 비교하세요. 스스로 실력을 키우고 더 가치 있는 자신을 만들기 위해 노력하세요. 동시에 이 정도의 경제적, 문화적 여건에서 공부할 수 있도록 조건을 만들어준 사회에 대해서도 책임감을 가져야 합니다. 굶주리는 아프리카가 아니라 대한민국 사회에서 공부할 수 있다는 것은 누군가에게 빚을 진 것입니다. 내가 받은 것을 장차 일부라도 돌려줘야 할 책임을 느껴야 한다고 생각합니다. 동시대를 살아가는 사회의 구성원 중 나보다 못한 처지에 있는 사람들, 그리고 우리가 함께 해결해야 할 문제들에 대해서도 관심을 갖기 바랍니다.

많은 사람들이 지금은 불확실성의 시대라고 지적하면서 '나만

의 경쟁력'을 갖춰야 한다고 경고합니다. 그러나 그 경고의 이면에는 개인의 행복을 추구하기 위해 주변의 문제에는 눈과 귀를 닫으라는 이기적 주문이 숨어 있습니다. 하지만 행복은 결코 혼자만의 것이 될 수 없습니다. 나의 행복을 만들어가기 위해서라도 주변의 도움은 필수적이죠. 프로야구에서 아무리 뛰어난 투수라도 타자들이 점수를 내지 못하면 패전투수가 되잖아요. 사회와 개인, 나와 타인의 관계는 어느 한쪽의 희생을 전제로 한 것이 아닌 공생의 관계라는 것을 알고, 사회와 더불어 행복할 길을 찾겠다는 의지를 단단히 가졌으면 좋겠습니다.

― 덧붙이는 글 ―

기업의 의미를 다시 생각합니다
안철수연구소 창립 10주년을 맞이하며

오랜 산고를 겪고 세상에 태어난 안철수연구소가 이제 열 돌을 맞이하게 되었습니다. 기업의 5년 생존 확률이 10퍼센트 정도이니 10년 생존 확률은 1퍼센트일 테고, 벤처기업의 생존 확률을 일반 기업의 10분의 1 이하로 본다면 0.1퍼센트도 안 되는 확률을 뚫고 살아남은 셈입니다. 안철수연구소가 이렇게 살아남고 자리 잡기까지는 저와 임직원들의 노력뿐 아니라 저희를 지켜보고 격려해주신 많은 분들의 도움이 있었기에 가능한 일이었다고 생각하며, 이 자리를 빌려 진심으로 감사의 말씀을 드립니다.

10년 전 창업을 하면서 저는 기업의 의미에 대해 나름대로 많은 고민을 했습니다. 의사이자 프로그래머로서 혼자 전문 분야의 일을 하는 것에는 익숙했지만 조직이나 경영에 대해서는 완벽한 문외한이었기에, 제가 시작하려는 일에 대해 제 나름대로 생각을 정리하고 의미 부여를 하지 않으면 일을 시작할 수 없었기 때문입니다.

기업의 역할에서 기본 중의 기본은 소속된 구성원이 삶을 영위하고 자아실현을 할 수 있는 장으로서의 역할입니다. 그러나 이것만으로는 프리랜서와 크게 다르지 않습니다. 저는 사람들이 기업이나 조직을 이뤄 일하는 진정한 의미는 '혼자서는 할 수 없는 의미 있는 일을 여러 사람이 모여 함께 이뤄가는 것'이라고 나름대로 생각을 정리했습니다.

다른 한편으로 창업을 하면서 '기업의 목적은 수익 창출'이라는 명제에 의문을 품었습니다. 기업이 수익을 창출하기 위해서는 먼저 고객으로부터 가치를 인정받을 수 있는 물건이나 서비스를 만든 다음 그것을 판매해야 합니다.

이러한 과정을 고려할 때 수익이란 목적이라기보다 결과에 해당한다는 생각이 들었습니다. 수익 창출이 목적이 되다 보면 수단과 방법을 가리지 않고 돈을 벌려다가 사회적으로 여러 가지 문제를 일으킵니다. 우리는 지금까지 그런 모습을 많이 보아왔습니다.

어쩌면 인간사의 많은 갈등은 목적과 결과의 혼동에서 빚어지는 것일지도 모릅니다. 이것은 본질과 과정에 충실하면 결과는 따라오는 것이라는 믿음과 일맥상통한다고 생각합니다.

안철수연구소를 경영하면서 지난 10년 동안 세 가지를 이루고자 노력해왔습니다.

첫째, 한국에서도 소프트웨어 사업으로 자리를 잡을 수 있다는 워킹 모델(working model)을 만들어보고 싶었습니다. 지식정보의 가치가 제대로 인정받지 못하고 왜곡된 시장 구조로 인해 척박한 환경이었지만 그래도 다음 세대를 위해 한 가닥 희망의 빛이라도 남겨놓고 싶었습니다.

둘째, 현재 한국의 경제구조에서 정직하게 사업을 하더라도 자리를 잡을 수 있다는 것을 증명하고자 노력했습니다. 투명경영, 윤리경영이 장기적으로 더 큰 힘이 되는 사례를 만들어보고 싶었습니다.

셋째, 공익과 이윤 추구가 서로 상반된 것이 아니라 공존할 수 있다는 것을 보여드리고 싶었습니다.

이 세 가지가 안철수연구소 구성원 모두가 이 땅에서 숨 쉬고 살아가면서 스스로 인식하고 노력해온 '존재의 의미'가 아닌가 생각합니다.

저는 CEO로서 지난 10년을 절벽을 올라가는 등반가의 심정으로 살아왔습니다. 아래를 내려다보면 까마득한 계곡에 두려웠고, 위를 올려다보면 구름에 가려 정상이 어디쯤인지 짐작도 할 수 없었습니다. 그렇지만 힘이 빠지면 떨어져 죽을 수밖에 없기 때문에 한시도 긴장을 늦출 수 없었습니다. 그러한 과정 속에서 매일 제 자신에게 던졌던 두 가지 질문이 있습니다.

"어떻게 하면 우리 회사가 살아남을 수 있을까?"

"내가 이 조직에 적합한 사람인가?"

여기서 두 번째 질문은 다시 두 가지 질문으로 나눌 수 있습니다. 그것은 "내게 회사를 더 발전시킬 수 있는 능력이 있는가?"와 "내 에너지를 120퍼센트 쏟을 수 있는가?"입니다. 등반가의 심정으로 끊임없이 자기 검증을 하면서 10년을 보낸 셈입니다.

이제 창립 10주년을 맞이하면서 저는 CEO 자리에서 물러나고자 합니다. 지난 3년간 저희 회사에서 COO로서 능력을 검증받은 부사장에게 CEO를 넘겨주고, 저는 이사회 의장으로서 새롭게 역할을 다하고자 합니다. 우리나라에서 직접 경영에 관여하는 일반적인 통념상의 회장이 아니라, 신임 CEO가 경영의 권한과 책임을 가지고 저는 본연의 의미에서의 이사회 의장으로서 주주 모두를 위한 좋은 지배구조를 만들고 큰 방향을 제시하는 일을 하고자 합니다.

저는 작년 초에 물러날 결심을 한 후, 지난 1년간 이 결심을 제 가슴속에 담아두고 차분하게 준비를 해왔습니다. 작년 초부터 회사 운영의 더 많은 부분을 COO인 부사장에게 위임하고, 저는 큰 방향을 잡아나가면서 회사에 필요한 대외 활동을 해왔습니다. 지난해 거둔 사상 최대이자 국내 소프트웨어 업계 최초의 의미 있는 성과도 이러한 역할 분담이 성공적으로 이루어진 결과라고 말씀드릴 수 있습니다. 올해도 사상 최대의 실적을 이어갈 수 있다는 확신이 있는 상태에서 다음 주자에게 CEO 자리를 물려줄 수 있어 무엇보다 기쁩니다.

시간을 쪼개 CEO로 살아온 지난 10년의 경험과 생각을 정리하면서 책을 쓰기 시작했습니다. 저는 어떤 일을 마무리할 때나 특별한 계기가 있을 때는 그때까지 배운 것을 정리해서 책을 쓰곤 했습니다. 안철수연구소를 창업하기 직전에 그전까지 7년간 백신 프로그램을 만들고 무료로 배포했던 시절을 토대로《별난 컴퓨터 의사

안철수》를 썼고, 안철수연구소의 창업부터 코스닥에 등록되기 직전까지의 경험을 바탕으로《CEO 안철수, 영혼이 있는 승부》를 썼습니다. 최근에 발간된《CEO 안철수, 지금 우리에게 필요한 것은》을 쓴 이유도 CEO 자리에서 물러나면서 직원들과 젊은 세대들에게 제가 치열하게 고민했던 편린을 들려주고 시행착오를 줄이는 데 조금이라도 도움이 되고 싶었기 때문입니다.

저는 이사회 의장으로서의 임무에 충실하면서 앞으로 2년 정도의 계획으로 다시 공부를 시작하고 싶습니다. CEO 자리를 넘기는 것도 아직까지 끝나지 않은 공부에 대한 욕심 때문입니다. 저도 몇 년만 지나면 노안 때문에 돋보기가 필요할 텐데, 그전에 마지막 기회라 생각하고 대학원에 들어가 학생으로서 열심히 공부할 생각입니다. 이제 다시 옛날 책들을 꺼내놓고 시험공부를 시작해야 할 것 같습니다.

공부를 끝낸 후의 계획은 세워놓지 않았습니다. 그렇지만 지금까지의 의학, BT, IT, 경영 등의 다양한 경험을 바탕으로 몇 년 동안 열심히 공부한다면, 공부를 마친 후에는 그때의 상황에 적합한 일을 할 수 있으리라 생각합니다. 안철수연구소로 다시 복귀할 수도 있으며, 만약 받아주는 곳이 있다면 대학에서 학생들을 가르치는 일도 보람 있는 일일 것입니다. 경우에 따라 새로운 분야의 도전에 나설 수도 있을 것 같습니다.

지난 10년간 변함없이 성원과 격려를 보내주신 모든 분께 다시

한 번 머리 숙여 감사드립니다. 안철수연구소는 앞으로도 계속 조직 구성원 모두가 건전한 가치관을 공유하는 영혼이 있는 기업으로서 함께 살아가는 우리 사회에 기여하는 존재가 될 것임을 약속드립니다. 감사합니다.

2005년 3월 18일

안철수 올림

작은 행동 하나가 큰 변화를 이끌어 냅니다

박원순 서울시장 후보 지원 편지 전문

1955년 12월 1일, 목요일이었습니다. 미국 앨라배마 주의 로자 파크스라는 한 흑인여성이 퇴근길 버스에 올랐습니다. 잠시 후 비좁은 버스에 백인 승객이 오르자 버스 기사는 그녀에게 자리를 양보할 것을 지시했습니다. 그녀는 이를 거부했고 체포돼 재판에 넘겨졌습니다. 하지만 이 작은 움직임은 많은 사람들의 공감을 불러일으켰고 미국 흑인 인권운동에 큰 전환점이 됐습니다. 흑인에게 법적 참정권이 주어진 것은 1870년이었지만 흑인이 백인과 함께 버스를 타는 데는 그로부터 85년이 더 필요했고 그 변화를 이끌어 낸 힘은 바로 작은 '행동'이었습니다. 후에 그녀는 이렇게 말합니다. "내게는 여느 날과 똑같은 날이었지만 수많은 대중들의 참여가 그날의 의미를 바꿔놓았다." '선거'는 바로 이런 '참여'의 상징입니다.

저는 지금 우리가 새로운 시대를 열어가는 변화의 출발점에 서 있다고 생각합니다. 그래서 이번 시장선거는 부자 대 서민, 노인 대 젊은이, 강남과 강북의 대결이 아니고, 보수 대 진보의 대립은 더더욱 아니어야 한다고 생각합니다. 저는 이번 선거만은 이념과

정파의 벽을 넘어 누가 대립이 아닌 화합을 이끌어낼 수 있는지, 누구의 말이 진실한지, 또 누가 '과거가 아닌 미래를 말하고 있는지'를 묻는 선거여야 한다고 생각합니다. 그래서 저는 55년 전의 흑인여성 로자 파크스처럼 우리가 '그날의 의미를 바꿔놓는' 행동에 나서야 한다고 생각합니다. 선거 참여야말로 시민이 주인이 되는 길이며, 원칙이 편법과 특권을 이기는 길이며, 상식이 비상식을 이기는 길이라고 생각합니다. 저 역시 천만 시민의 한 사람으로서 당연히 제 한 표의 권리를 행사할 것이고 이른 아침 투표장에 나갈 것입니다. 여러분도 저와 함께해주시기를 간곡하게 청합니다.

　감사합니다.

2011년 10월 24일
안철수 드림

더불어 희망을 품고 살아가는 사회를 꿈꾸며

안철수재단 관련 '재산환원' 이메일 전문

안철수연구소 동료 여러분, 안녕하세요.

저는 오늘 오랫동안 마음속에 품고 있던 작은 결심 하나를 실천에 옮기려고 합니다. 그것은 나눔에 관한 것입니다.

저는 그동안 의사와 기업인 그리고 교수의 길을 걸어오면서 우리 사회와 공동체로부터 과분한 은혜와 격려를 받아왔고, 그 결과 늘 도전의 설렘과 성취의 기쁨을 안고 살 수 있었습니다. 이 과정에서 저는 한 가지 생각을 잊지 않고 간직해왔습니다. 그것은 제가 이룬 것은 저만의 것이 아니라는 점입니다.

저는 기업을 경영하면서 나름대로 '영혼이 있는 기업'을 만들고자 애써왔습니다. 기업이 존재하는 것은 돈을 버는 것 이상의 숭고한 의미가 있으며, 여기에는 구성원 개개인의 자아실현은 물론 함께 살아가는 사회에 기여하는 존재가 되어야 한다는, 보다 큰 차원의 가치도 포함된다고 믿어왔습니다.

그리고 이제 그 가치를 실천해야 할 때가 왔다고 생각합니다. 전쟁의 폐허와 분단의 아픔을 딛고 유례 없는 성장과 발전을 이룩해온 우리 사회는 최근 큰 시련을 겪고 있습니다.

건강한 중산층의 삶이 무너져내리고 꿈과 비전을 갖고 보다 밝은 미래를 꿈꿔야 할 젊은 세대들이 좌절하고 실의에 빠져 있습니다.

저는 지난 10여 년 동안 여러분들과 같은 건강하고 패기 넘치는 젊은이들과 현장에서 동료로서 함께 일했고, 학교에서 스승과 제자로도 만났습니다. 그 과정에서 그들의 이상과 비전을 들었고 고뇌와 눈물도 보았습니다. 그럼에도 불구하고, 오늘 우리가 겪고 있는 시련들을 국가 사회가 일거에 모두 해결할 수는 없을 것이라고 생각합니다.

그렇다면 국가와 공적 영역의 고민 못지않게 우리 자신들도 각각의 자리에서 무엇을 할 것인가를 고민하는 것이 중요하지 않을까 싶습니다. 특히 사회에서 상대적으로 더 많은 혜택을 받은 입장에서, 앞장서서 공동체를 위해 공헌하는 이른바 '노블레스 오블리주'가 필요할 때가 아닌가 생각됩니다.

실의와 좌절에 빠진 젊은이들을 향한 진심 어린 위로도 필요하고 대책을 논의하는 것도 중요하지만, 공동체의 상생을 위해 작은 실천을 하는 것이야말로 지금 이 시점에서 가장 절실하게 요구되는 덕목이라고 생각하기 때문입니다.

"언젠가는 같이 없어질 동시대 사람들과 좀 더 의미 있고 건강한 가치를 지키며 살아가다가 '별 너머의 먼지'로 돌아가는 것이 인간의 삶이라 생각한다."

10여 년 전 제가 책에 썼던 말을 다시 떠올려봅니다.

그래서 우선 제가 가진 안연구소 지분의 반 정도를 사회를 위해서 쓸 생각입니다. 구체적으로 어떤 절차를 밟는 것이 좋을지, 또 어떻게 쓰이는 것이 가장 의미 있는 것인지는 많은 분들의 의견을 겸허히 들어 결정하겠지만, 저소득층 자녀들의 교육을 위해 쓰였으면 하는 바람을 갖고 있습니다.

오늘 우리 사회가 안고 있는 수많은 문제의 핵심 중 하나는 가치의 혼란과 자원의 편중된 배분이며, 그 근본에는 교육이 자리하고 있다고 생각하기 때문입니다. 그래서 우선은 자신이 처한 사회적, 경제적 불평등으로 인해 기회를 보장받지 못하고, 마음껏 재능을 키워가지 못하는 저소득층 청소년들에게 꿈과 희망을 주는 일에 쓰이면 좋겠다고 생각합니다.

이것은 다른 목적을 갖고 있지 않습니다. 오래전부터 생각해온 것을 실천하는 것 이상도 이하도 아닙니다. 다만 한 가지 바람이 있다면 오늘의 제 작은 생각이 마중물이 되어, 다행히 지금 저와 뜻을 같이하기로 한 몇 몇의 친구들처럼, 많은 분들의 동참이 있었으면 하는 것입니다.

뜻있는 많은 분들의 관심과 참여를 기대해봅니다.

감사합니다.

2011년 11월 14일
안철수 드림